翡翠营销攻略

FEICUI YINGXIAO GONGLUE

陈文高 编著

·看有用的书　学翡翠营销·

万众创新的参考方略

YNK 云南科技出版社
·昆明·

U0500590

图书在版编目（ＣＩＰ）数据

翡翠营销攻略 / 陈文高编著.--昆明：云南科技
出版社，2010.6（2024.5重印）
ISBN 978-7-5416-4001-8

Ⅰ.①翡… Ⅱ.①陈… Ⅲ.①玉石－市场营销学
Ⅳ.①F724.787

中国版本图书馆CIP数据核字（2010）第120146号

责任编辑：唐坤红
　　　　　洪丽春
责任校对：孙玮贤
封面设计：晓　晴
责任印制：蒋丽芬

云南科技出版社出版发行

（昆明市环城西路609号云南新闻出版大楼　邮政编码：650034）
云南美嘉美印刷包装有限公司印刷　全国新华书店经销
开本：787mm×1092mm　1/16　印张：8.25　字数：190千字
2010年6月第1版　2024年5月第8次印刷
定价：45.00元

前　言

翡翠在一个国家的销售状况，已成为衡量该国经济发展速度、生活水平高低和国民文化修养程度的灵敏指标。

随着中国改革开放的不断向前推进，翡翠市场的从业人员，经营规模，销售金额，都在日渐扩大。翡翠饰品，已成为富裕人群和社会交往人群竞相追捧的重要商品；翡翠产业，也正在成为支持国民经济发展的支柱产业；翡翠经营，已成为经济发展的又一个新的增长点；从事翡翠销售，已成为社会就业的热门渠道之一。

随之而来，翡翠市场，也已从卖方市场变成了买方市场，争夺市场份额的竞争也就日趋激烈。市场竞争，归根到底是经营人才的竞争，即销售人员的素质和技巧能否胜过竞争对手。重视营销员的学习与培训，把团队打造成为学习型、制胜型团队，已成为经营企业的普遍共识和实际行动。演戏要有剧本，培训要有教材，为适应需要，我们编写出版了《翡翠营销攻略》一书，供翡翠商界经理人、营销员以及欲从事翡翠经营的朋友们参考。

本书以国家劳动和社会保障部颁布的《珠宝首饰营业员职业标准》为依据，以市场为导向，以销售为中心，以技能为重点，以适用为归宿，注重理论联系实际。通过阅读本书，初步掌握翡翠经营的知识技能，使正从事或欲从事翡翠销售的人们快捷地获得入门资格。

本书突出实用性，在篇目的安排上，首先介绍翡翠基础知识，储备必要的翡翠从业文化常识；其次学习销售技巧，懂得翡翠销售的应知应会应做；再次备有客人询问答案，让营销员能够有备而准确地回答顾客的种种询问；最后了解法律法规，做到合理合法地规范经营。

考虑到从业者学历及培训时间的局限，编写尽量做到通俗易懂，简洁凝练，对翡翠行业中一些佶屈聱牙的专业术语也尽量做了回避。力求让读者能直接使用书中的语言，与顾客进行沟通和交流。以最短的学习时间，最少的学习成本，获得知识使用价值的最大化。

如果本书能为你入门翡翠经营提供方便，对你的销售绩效或者其他方面有所帮助，那就是读者对我们的最好奖励。

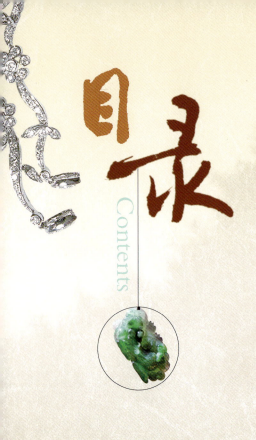

目录
Contents

第一章

翡翠基础知识

第一节　FEICUICHANDI
翡翠产地

　　翡翠产在缅甸，这是有它的历史原因的，可以说是翡翠特殊性选择的结果。翡翠生成，必须有特殊的地质条件：高压，低温，矿床主要围岩是基性、超基性高压片岩，并具有分带现象显现，处于地球板块运动不仅活跃而且能够相互碰撞的地带。优质翡翠，还需要有含铬的溶液后期掺入，围岩是高镁、高钙、低铁岩石。在生成过程中，还要没有破坏性的地质运动做后期保证。缅甸

1

所处的地理位置，恰巧具备了这样的条件。

据专家推断：大约在一亿八千万年前，地球上的缅藏板块与欧亚大陆板块相互碰撞，缅藏板块向欧亚大陆板块底下俯冲，之后，印巴板块，再次与欧亚大陆板块和缅藏板块碰撞，并集中俯冲于缅藏板块之下，使青藏、云贵高原上升隆起，形成了世界屋脊。两次大的地质运动，使原来残存的缅藏板块，更加支离破碎，超基性岩浆和其他岩浆，沿着大大小小碰断的裂隙，乘虚而

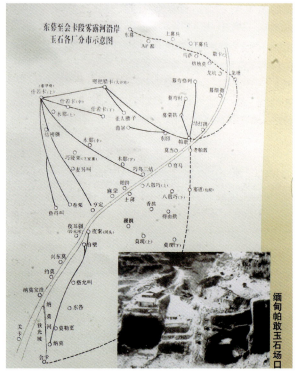

缅甸帕敢玉石场口

入。两次俯冲造成的高压低温，有力地推动了地质运动的变质过程，加上原已生成的超基性岩，这就生成了翡翠。

缅甸国土有六十七万平方公里，不是所有地方都产翡翠，产翡翠的地方主要集中在北部以勐拱为中心的地带。这些地带，从汉朝起，一直是中国"藩篱"，属云南永昌府（现在保山市）管辖。到了近代，在英军侵入缅甸后，才划归缅甸所属的密支那管理。

翡翠的发现，有其偶然性。传说是中国的赶马人，运货到缅甸，回程时，发现马驮子偏斜，为平衡驮子，随便捡了个石头，放于轻的一边。回来后，将石头丢弃在马厩角落里。日久马踏，皮破肉露，阳光照射，奇宝惊

现。消息传开，到缅甸的人回程都要捡石头。马帮一到，很多人都会凑过去问："带石头回来么？"渐渐地，就有人背着自家的特产去缅甸换石头、贩石头；缅甸人见石头可以换货、卖钱，也就弃他而专门出来卖石头。这就是翡翠发现的过程。

当时，翡翠集散地在腾冲。有人揣测，像丢弃马厩的石头，砌入墙脚的，恐还很多。近年来腾冲的旧城改造，搬迁拆危，时不时弄出翡翠原石，证明了原来这种猜测是正确的。

翡翠发现的时间，有的说是周朝，有人说是汉朝，有人说是梁朝，有人说是宋朝，有人说是元朝，比较确信的是明末清初。之前的翡翠，如果有，那也可能是从商道传入的产自俄罗斯或日本的翡翠。

翡翠是美丽的，但挖掘翡翠的人的历史却是苦难的。勐拱位于缅甸北部克钦邦西北部，大多是原始森林地带，缅甸人称"野人山"。崇山峻岭，荒无人烟，豺狼当道，猛兽出没，瘴疠传染，疟疾蔓延。挖玉人，别着胆子、

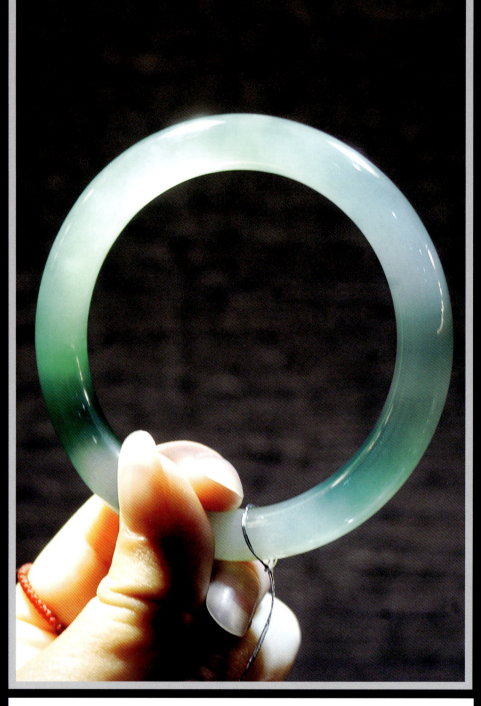

带着干粮，挥豺狼、赶猛兽、抵瘴疠、抗疟疾、顶烈日、冒风雨，来到大山深处，挖土凿石、烈火焚烧、冷水浇泼、火尽玉裂，分而取之。这是天运照顾，自己也觉得有福气的那一部分人；运气差者，整月整年挖不到玉，白天一身臭汗，晚上一盏孤灯，狼叫虎鸣，倍感阴森。遇上洞垮石落，搭上了身家性命，付出了惨痛代价。

　　翡翠在民间的名声大了，官家也会垂涎。一些地方官吏为讨好上方，自然会选择翡翠进奉。在清朝年间，翡翠进入了宫廷，质好色美的翡翠，一下子就打破了清宫以玩和田玉为主的传统，使名噪一时的西方宝石受到了冷落。翡翠的入宫，成了玉文化史上的划时代的大事件。它标志着玉文化将因翡翠的出现而进一步提升。

清廷慈禧太后崇尚翡翠，是翡翠在朝廷传播的重要原因。相传慈禧对外国使者赠的钻石不屑一顾，唯一对翡翠情有独钟。慈禧使用着很多翡翠玉器，死后，头部还放置着一个碧绿的翡翠荷叶，脚边放置着翡翠白菜和翡翠西瓜。那绿皮、红瓤、黑子、白丝的翡翠西瓜，实属稀罕之物，价值连城。

第二节 FEICUITEDIAN
翡翠特点

随着对翡翠研究的深入，翡翠特点越来越被更多地发现：

一是既多又少的个性特征。香港欧阳秋媚女士在其近作《秋媚翡翠·适用翡翠学》中，对翡翠的特点作了非常精到的"六多六少"的概括。

一、六多

1.多晶质

翡翠是由无数细小的晶体组成的。有的细粒小到0.01mm，这些小晶体，互相结合在一起，一个小小的翡翠戒面，可能就有数千粒晶体组成。由于翡翠的多晶质缘故，所以它的透光性就不如单晶组成的宝石。

2.多矿物

过去认为翡翠只由硬玉一种成分组成，据现在研究发现，组成翡翠的矿物不只是硬玉矿物，还有其他含钠的辉石，如钠铬辉石、绿辉石等，另外还有一些不同的闪石类矿物和钠长石等，成分显得比较复杂。

3.多色彩

翡翠的颜色有多种，如白色、紫色、绿色、黄色、红色、黑色等，这些颜色分布都是不均匀的，有时可以同时在一块翡翠上出现，这是一般宝石不可能具有的。翡翠的颜色有原生色（肉的颜色，白、紫、绿、黑）和次生色（皮色、黄、红），其中绿色变化最大。

4.多种质

翡翠的种类十分多，这是因为它是一种多晶体，晶体的粗细不同，晶形不同，结合方式不同，组织结构不同，因而就有不同的质地和透明度。即使在同一块石头上都会出现不同的质地和透明度。加上它由多种矿物组成及多色，所以，就有多种多样的质地。种质变幻无穷，玉品各不相同，称呼也就五花八门。

5. 多期性

翡翠并不是一次形成的，从绿色与底的关系来看，先形成"底"，后形成绿色。研究表明，颜色变化大，说明翡翠形成具有地质的多期性，存在着许多互相叠加、互相渗透的地质现象。

6. 多款式

首饰加工，是根据材质的形状、颜色和透明度设计加工的。因为翡翠的质地多种多样，多姿多彩，所以，翡翠饰品的品种、款式最多。

二、六少

1. 地理分布看少

从产地看不如其他宝石产地多，世界上只有五六个国家产翡翠，而真正达到宝石级的只有缅甸，其他产地除俄罗斯外，大部分只能做雕件。

2. 形成条件看少

翡翠形成于超高压、低温，除需要有板块相碰撞的地质条件外，还需要有一定原岩，即超高压变质岩，这样苛刻的地质条件，不可能每个国家都能达到，所以，翡翠产地极少。

3. 形成时间看少

形成于六千多万年前，喜马拉雅山运动板块构造上升时期，是经过漫长的地质历史形成的。

4. 优质翡翠看少

从世界范围内陆续发现了硬玉的露头及矿床，如俄罗斯、美国、日本和中美洲，但都缺乏宝石级翡翠。翡翠必须通透、色好。但硬玉中要有一定铬离子是不容易的，尤其是要求含一定百分比才能呈现好的色彩，再加上要求颗粒细才有一定透光性。然而一般硬玉矿物特性是短柱状的，要形成纤维晶体结构也是极其困难的。总之，由

于生成条件苛刻，多少成因条件都必须在最优的前提下同时满足，后期的地质运动又不能过分激烈，否则就会破坏翡翠品级。如果说前期条件得来纯属偶然，那么后期条件的要求就更加苛刻，谁能办到让缅甸地质板块不参与地球运动？所以，优质翡翠很少。

5. 供求关系看少

人们生活越来越好，喜欢翡翠的人越来越多，而达到宝石级的翡翠资源又极为有限，而且不可再生。市场越来越显现出求大于供的趋势。多年来，翡翠价格只升不降，只涨不跌，翡翠的成交价格，将会随着时间的推移，越来越昂贵。

6. 了解翡翠的人看少

由于产地稀少，产量有限，翡翠的流传不广；多年来的种种原因，翡翠又曾一度被打入冷宫；加上缅甸政府几十年来对矿山的管制，一直不准一般外来人开采，不让外来矿主涉足矿山管理，致使很多人没有途径去详细研究翡翠矿床，了解翡翠成因、开发、经营及管理；再加上翡翠贸易多年来充满神秘性，翡翠的风险性制约着不少人的兴奋神经，普通大众对翡翠知识一片茫然，对翡翠的认识，还只停留在少数人之中。

二是既明又暗的脾气特征。解开的翡翠，明如画，透如水，连细如微尘、轻如毫毛、薄如蝉衣的瑕疵都呈现在你眼前，遮不严，藏不住，清清楚

8

楚，明明白白，想含糊，欲掩藏，都不可能。可是，原石就暗得几乎让人看不懂。现代科技，可视五脏六腑，却无法看透翡翠的水与色。一块弃石，玉师看出一分水色，卖五万，看出三分水色，卖五十万，再解，满绿满水，卖五百万。昨日的穷光蛋，今日暴富升天，进酒楼，吹洋风，洗土气，牌局相邀，不落人后。反之，一块百万、千万的石头，赌砸了，一文不值，霎时间，百万富翁，一贫如洗，混入丐帮，喝清汤，吃混面，流浪街头，蓬头垢面，这就叫赌石！鉴于翡翠的极端复杂性，前人惊呼："神仙难断寸玉"。现代人叹止："玉石无专家"。

玩赌石，谈石色变，石头不绿，脸先绿。真可谓是"赌石如赌命"。有人说翡翠是胆子活，玩命活，一点也不假。

三是既老又少的取名特征。说她少，名字只是在近代才喊响亮掉，近代的概念，只是弹指一挥间。说她老，从翠羽鸟名嫁誉给了翡翠开始，还可以溯源至周朝、汉朝、隋朝。汉朝的文艺作品中有了翡翠的称呼，班固的《西都赋》和张衡的《西京赋》里，都同时提到"翡翠火齐"。古代称像火彩一样的水晶为"火齐"，与水晶并列的翡翠，想必也会是一种装饰性质的宝玉石，不可能再是鸟名或者颜色的具体描述了。所以，有文字可考的翡翠玉名，应该是从汉代开始。这种翡翠，是否产于今天的缅甸，还有待于出土文物的进一步证实。目前，专家趋向的意见是：可能来自俄罗斯或者日本。

四是既烂又平淡的品质特征。美学家宗白华说："中国向来把玉作为美的理想。玉的美，即'绚烂之极归于平淡'的美。可以说，一切艺术的美，以至于人格的美，都拿玉作标准，都趋向于

玉的美。内部有光彩，但这是含蓄的光彩，这种光彩是极绚烂的，又是极平淡的。"翡翠之美，美其质，美其色。质地细腻、晶莹通透、冰清玉洁、宝光灵气、楚楚动人、碧绿澄清、水灵滴翠、翠艳夺目、生机盎然。看着，心旷神悦，倍感振奋。这种美，内敛含蓄、空而不泛、秀外慧中、藏而不露、不浮、不华、不偏、不执。看着翡翠，像在看着自己：要美、要高雅、要宽容、要坦荡、要忠诚、要正直、要无畏、要无私、要有气质……而这一切，都是在平淡中进行，在平淡中感悟，在平淡中升华，在平淡中完成，这就是翡翠特有的文化现象。

第三节 CUIYUBIJIAO
翠 玉 比 较

翡翠与玉既相同，又不相同。相同的是：都是由自然界产出，具有商业价值，达到宝石级，可加工成装饰品的矿物，都具有美观性、耐久性、稀少性和工艺性。但又不相同：

一、偶然性不同

玉的发现与翡翠的发现都具有偶然性，但两者的偶然性根本不同。玉的发现的偶然性更积极，先民们在大量接触石头的劳动过程中，"偶然"的机会多，"偶然"的主动性多。翡翠发现，纯属偶然。

二、先天性不同

玉为透闪石类矿物，成细密交织在一起的微晶集合体产物，化学成分是钙、镁、铁的硅酸盐，硬度6～6.5，密度

2.9～3.1，折射率1.61，油脂光泽，半透明至不透明。颜色有白、青、黄、绿、墨和红等。其颜色不同，是由阳起石变种的量不同及化学成分的差异引起的。翡翠是以硬玉矿物为主的辉石类矿物致密集合体，以铬元素为致色离子，硬度6.5～7，密度3.33，折射率1.66，翡翠物理性能一般都高于玉。还有翡翠的成矿条件是高压低温，因而，翡翠的品质一般都优于玉。

三、界定性不同

玉的界定比较宽泛，自然界中质地细腻、结构致密、光泽温润、颜色美观、不透明、微透明，由单矿物或多矿物组成的天然矿石，统称为玉或玉石。东汉文字学家许慎，看到了这种内涵的宽泛性，在他所著的《说文解字》里，把玉定义为"石之美者"。翡翠的发现，由于科学技术的及时跟进，人们用物理化学手段，就将翡翠的身份，适时地限制在宝石学的范围之内。

四、角色性不同

玉与石分开以后，从图腾崇拜，到与神沟通，到道德的象征，到权力的代表，担任过众多的角色，背负过众多的使命；翡翠的角色比较单一，除美及美给人的操守以外，就是财产的保值，使命比较单纯，关系也不像玉那么盘根错节。

五、时限性不同

玉发现、使用的历史将近一万年，经历了一个又一个朝代，一直没有中断过；翡翠使用的历史较短，也才几百年，简直不能与这延绵万年的玉石相提并论。

六、背负性不同

这里说的"负"，是指负面效应，一种不该有的蚀落和背离。玉虽有仿制或沁色，但不像翡翠被仿冒制假的程度那么严重，短短几十年，B货、C货、B+C货、D货、"染色"、"炝色"、"新玉"等等，冒充产品，五花八

门，制假手段，层出不穷。

七、价值尺度不同

由于翡翠的品质优于玉，不管质地，还是色彩，它都大大超过玉，成为名副其实的"玉中之王"。因而，决定了两者之间的价值尺度不同。一串玉项链，可以几百元买得到，一串好的翡翠项链要几万，个别奇异名贵的精品要百万、千万；一只玉手镯，开价几百元，一只上好翡翠手镯开价几十万、几百万，有的简直要用"价值连城"来形容。

八、分级难度不同

玉的矿物成分、形成条件相对简单，玉质、色彩的变化相对稳定，加上识玉时间较长等因素，玉的分级相对比较容易。翡翠由于矿物成分复杂，成矿条件极其苛刻，质地、色彩变化非常之大，加上对翡翠研究时间相对较短，因而，翡翠分级就极其困难。

九、研究深度不同

用玉历史将近一万年，对这漫长的用玉历史，不管是玉矿形成、矿物结构、质地变化、色彩成因、雕琢工艺，各种学科都分门别类地进行了过细的研究；翡翠的研究，不论广度和深度，都不如对玉的研究那么深入，只是近年来，才出现一些可喜的研究成果。

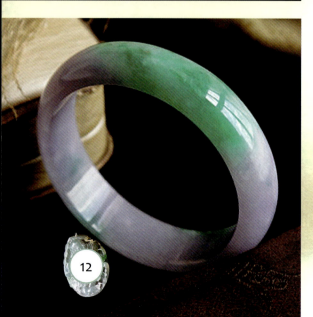

第四节 FEICUIWENHUA
翡 翠 文 化

　　说到翡翠文化，就要说到玉文化，自然也会说到"黄金有价玉无价"。

　　玉在中国，几乎与镇人意志的天，赐人福祉的地，规人律动的神，等量齐观，平起平坐了。它穿越时空隧道，和人类相随相伴；它能与历史结合，使历史赋予厚重的人文沉淀；它能与学说结合，使伟人的理论步入国家统治殿堂；它能与思想结合，使人类驰骋无限遐想。各个朝代的玉器，虽然数量上有差异，内涵上有转移，但玉的至尊至圣的王者地位，一直没有丝毫动摇过。特别是儒家思想的介入，使得玉道德化了以后，玉由具体到抽象，由实物到符号，不但成了做人的标准，而且成了天意，成了公器。附着在玉上的文化内涵，使人无法测量，其无价性也就自不待言了。

　　还有，玉是一种心灵物，当你用心去与它接触、交流、沟通和对话时，你会升华起一种美好的心态，从温润，想到善良、忍耐和宽容；从透明，想到公开、清白和无私；从瑕疵，想到坦荡、忠诚和老实；从绿色，想到镇静、和平和希望；从"如切如磋，如琢如磨"，想到要大彻大悟、洗心革面、脱胎换骨……玉给你一种人生的感悟，给你一种做人的操守，给你一种修身的内涵，给你一种人格的魅力，给你一种前进的力量。而这一切，价值也是无限的。

　　总之，社会上说的"玉无价"，是文化内涵、历史沉淀、民族感情、国家意识的无价，在历史上，也曾有帝王对它论过价，哪是"价值连城"！

第五节 FEICUISHOUSHI
翡翠首饰

　　首饰是一种古老的装饰工艺品。最原始的首饰，可以追溯到人类的石器时代，至今已有一万多年历史。今天的首饰，除对人体有装饰作用外，还有显示身份，保值财产的作用。由于首饰多采用恒久材质制作，一直成为后人考证历史的重要依据，是人类历史文明历程的见证。

　　翡翠首饰，可分为头饰、颈饰、胸饰、腰饰、手饰和摆件。

一、头饰：发饰和耳饰

1.发　饰
包括发钗、发簪、发夹和发套等。

　　（1）钗和簪，多为古代妇女所使用，现代妇女对发夹、发卡、发套应用比较广泛。

　　（2）发夹有长方形、波浪形、椭圆形等。

　　（3）发套有宽条和细条两种，既套发，又装饰。近来工艺制作比较讲究，为年轻女子所喜爱。

2.耳　饰
耳饰的最初佩戴，可能出于一种医疗目的，因为夹戴耳饰的耳垂中央，恰好是眼部的穴位。佩戴耳饰对防止近视眼有作用。耳饰包括耳环、耳钉、耳钳、耳坠等，类型品种较多。

二、颈饰：挂件、项链、项珠和长命锁等

1.挂　件
有佛、观音、龙凤佩、金蟾、蝉、貔貅、生肖等。

　　（1）佛

佛陀音译的简称，意译"觉者"。佛经说，凡是能"自觉"、"觉他"、"觉行圆满"者，皆名为"佛"。佛为佛教三世十方佛中，为人最熟悉的佛陀之一。从五代以后，塑像都是笑面袒腹之状。

世俗流行女戴佛的意义是，身为女子，世事烦忧，愁肠百结，易老易逝。佛宽容、大度、乐观和向上的形象，佛的开怀、豁达、无忧和无烦的特点，正好可以帮助妇女化解愁绪、宽慰心肠、排忧除难、积极向上。

（2）观音

在佛教中，佛是修行的最高品位，具有自觉、觉他和觉行圆满三个条件，菩萨缺最后一项，故品位次于佛，其职能是协助佛普度众生。相传观音曾经立下过誓言，要等普

救完世上一切受苦受难的众生后才成佛。然而世间苦难无休无止，怎么也救不完。观音只好永远屈居于菩萨的地位了。

观音全称是"大慈大悲救苦救难观世音菩萨"，即慈悲的化身。如果信徒有难，呼其名号，她就会前来搭救，使你解脱苦难。

为什么男要戴观音？因为观音为慈悲救赎的化身，是真善美的代名词，作为男人，应该是一个完美无缺的人。戴观音，是祝愿、规劝和激励男人，立志做一个完美高尚的人。同时，观音心性平和、善解人意，男人戴，可消弥暴戾、远离是非、避开祸端，至少不会搞家庭暴力。

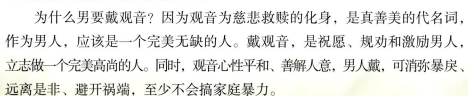

（3）龙凤配

龙是上帝的使者，代上天传命。龙凤可以互补：龙变化升腾有余，而祥和温柔不足；凤美善祥瑞独具，而威严至尊欠缺。如果两者携起手来，就是龙盘凤逸、龙凤呈祥了。

(4) 金蟾

古人把蝎子、蜈蚣、蜘蛛、蛇和金蟾，同放在一个罐里，让它们互咬、互吃、互斗，经过七七四十九天后，只剩下了金蟾。可见它毒性之大、本领之强。相生相克，善恶转化，蟾丑陋、有毒性，但不怕秽邪，能当药治病，甚至能助人升"仙"。月宫中的金蟾，成了月亮的代名词。

(5) 蝉

蝉的幼子，破土而出，飞向天空，自由自在，仙化缥缈。人将玉蝉放在死者口中，作为一种转世再生的象征，表达生者对死者灵魂如蝉蜕而升天的美好愿望。

(6) 貔貅

貔貅是龙的第九个儿子，龙生九子不像龙。貔貅相貌怪异：龙头、虎眼、鹿耳、獠牙、狮身、豹爪、龙鳞、凤尾。身子奇特：头大、眼突、嘴阔、牙尖、肚肥、臀部大，没屁眼儿。天生我才必有用，头大，能想万种点子；眼突，能明察秋毫；嘴阔，能吃八方财气；牙尖，能咬断是非舌根；肚肥，能装万贯家财；臀大，能坐稳江山；没屁眼儿，只吃不拉、只进不出、强体固本、唯我独尊、无与伦比。

貔貅没有屁眼儿，虽然不合常理，但是有文化意味：没有屁眼，丝毫不漏，小物质，汇成大物质。精神也一样，勿以恶小而为之，勿以善小而不为；只吃不拉，不排不泄，连屁都不放一个，不污染环境，堪称环境保护的楷模；财不外露，全装肚里，不怕人偷，不设保安，不麻烦别人；没有屁眼，实得生数，否则胀死，比起不顾后果的大吃大喝，文明形象要高大得多。

貔貅摩诀：

摸到貔貅头，

吃穿不用愁；

摸到貔貅面，

前世修来富贵命；

摸到貔貅唇，

人丁兴旺福满门；

摸到貔貅嘴，

财源滚滚如山垒；

摸到貔貅胸，

家业兴旺路路通；

摸到貔貅背，

穿金戴玉显富贵；

摸到貔貅腰，

财运对你把手招；

摸到貔貅肚，

一生走的成功路；

（7）十二生肖

生肖又叫"属相"，古人体天察地的大智慧，为后人创造了一种生肖文化。

鼠：传说唐三藏取经时，有一部经书藏在如来书库里，是鼠帮助把经书偷出来。还有，原来天地一片混沌，鼠咬天开，立了大功；但鼠也有不是之处，佯睡牛头之上，投机取巧，抢了竞选的头名；猫鼠竞标，乘猫未到，慌称猫不参加，取代了猫的位置。从此，猫把鼠当死敌。

牛：鼠把天咬开后，辟地的事就交给了牛。耕地垦田，拉犁劳作，就成为牛的主要任务。古人把

牛当神，传说牛与龙交配，生下了麒麟。

虎：虎为百兽之王，威猛凶悍。画虎为神，贴在门上，就是借用威猛的力量来保佑人平安。

兔：传说天帝化装成一位肚饿的老人，考察狐、猿、兔。狐、猿找来食物，兔找来干柴。狐、猿献食物，兔焚身作食物。天帝为兔的献身精神所感动，就将其送入月宫。

龙：多种元素组合的原始图腾，反映了古代部落兼并的激烈而复杂的情况。人们视龙为神物，生怕龙种灭绝，后又创造了九种，成了"龙生九子不成龙"。成什么？全靠人们去想象了。

蛇：世俗称蛇为小龙，许多地方的民俗，将蛇叫小龙，龙叫大龙。蛇的本事大到可以吞象，还可以化装成美女。

马：马为六畜之首，拉车，坐骑，还是一种文化载体。马后来与龙相联，出现了"龙马河

图""龙马精神"。

羊：羊致清和，三羊开泰，羊人为"美"，"羊"与"祥"通假，羊象征着"吉祥"。羊跪乳，是孝敬父母、不忘养育之恩的好教材。

猴：猴子变人，天地开辟，有猴的一份功劳。猴成为一种符号："马上封侯"，"封侯挂印"，"辈辈封侯"。

鸡：鸡有五德："头戴冠者文也，足傅距者武也，敌在前敢斗者勇也，见食相呼者仁也，守时不失者信也"。文、武、勇、仁、信俱全。

狗：狗是司风之神，还是太白金星精。吠犬善守，看门守户，狗的最大优点是：不嫌贫，忠诚老实。

猪：猪属亥，位居北，誉为"北斗星"。古人视猪为明神之物，大量用于祭祀，通过猪这种贡物与神灵进行对话。现在过年宰猪，除食用之外，还有着世俗沿袭的影子。

2. 项 链

项链，最早源于原始社会母系氏族向父系氏族转变时期的"抢婚"习俗。当时，男子的经济地位逐渐提高，常抢别的部落的妇女作为妻子。为防止被抢者逃走，胜利者往往用一根形似今日项链的金属链或绳子套住女性的脖子，那套脖的金属丝或绳子，慢慢地便演变成为今天的项链，意思是：舍不得你走，要牢牢将你留住。

项链一般由三部分组成：链子、搭扣和坠饰。链子是基础，是项链的主要部分；搭扣，用来连接链子的部件；坠饰，又称项坠，形状多种多样，款式也五花八门。

3. 项 珠

是项链中的一种，每串珠链由不等的翡翠珠子组成。珠子的形状可以是圆形、方形、菱形、椭圆形、圆柱形等。款式有：单串珠链、双套珠链、三套珠链。

4. 长命锁

长命锁是我国的传统饰品，寓意是锁住生命，留住根。从古到今，多为儿童佩戴。

三、胸 饰

胸饰，最早可能是作为一种宗教象征及护身符出现的。胸饰包括胸针、领带夹和腰饰。

1. 胸 针
由胸花、胸针座及胸针组成。

2. 领带夹
男性饰物，款式变化相对较小，佩戴位置也相对固定。

3. 腰 饰
早期的腰饰主要是玉佩，现代腰饰，主要是女士用作裙装饰物。

四、手饰：手饰包括手镯、手链和戒指等

1. 手 镯

手镯起源于新石器时代，战国时期，叫朝，改名"跳脱"。到了明朝，才正式定名为清朝时期，手镯开始盛行。翡翠手镯也同时使用。手镯是东方女性最喜爱的饰物之一，款式多种多样，妇女大众的日常消费品。

"瑗"。汉"手镯"。到了现代，已经成为

流行手镯，条径多为圆形。在各种玉器制作中，产量最大，用料最多的是玉镯，被称为首饰"皇后"。

手镯种类：

圆镯：镯的直径相等，条径为圆形，条径的粗细与直径大小成比例。

扁镯：镯的直径相等，条径为扁形，即内圆被加工为平面，以便更宽的翡翠玉面接触手腕，佩戴起来更加舒服，更起保健作用。

臂镯：特大号圈口，内径最小也得在65毫米以上；一般手镯的标准圈在55毫米左右。

贵妃镯：镯的直径不等，即一边宽一边窄，为椭圆形式样。贵妃镯，取名于唐代美女杨贵妃的名字，属于近年来的一种流行款式，戴起来比较时髦，很受女士们青睐。

佩戴手镯有装饰、保健、保值、纪念和信用作用。

2. 手 链

由翡翠珠子串成，颗粒数目不等，按大、中、小而定。珠粒直径一般是9mm。翡翠珠链的价格，不能用珠粒的平均数来计算，例如一串由20粒直径9mm的珠子组成，其价格为2000元，这并不等于每一粒珠子的价格只是100元，一般都要以几何级数来计算，要400元、500元，甚至更高。个中原因，珠链的成本较大。

3. 戒 指

现代青年男女以赠送戒指，表达爱慕之情，这就是一种沿袭传统的做法。自古以来，人们喜欢温良恭俭让，讲究礼让谦和。认为有教养的人是善于管得住自己的手的人，戴上戒指，有警戒手指的意思，故曰"戒指"。翡翠戒指，多以清代的扳指形式进行改制。

戒指的佩戴有一个不成文的习俗：戴在食指上，表示要结婚；戴在中指上，表示正在恋爱中；戴在无名指上，表示已经订婚或结婚；戴在小指上，表示主张单身；大拇指一般不戴戒指。

五、摆 件

主要用于陈设，造型有鼎、瓶、炉、壶、仙子、如意、花插、挂屏、人物、瑞兽等。其作用是镇宅、辟邪、玩赏和保值。

六、首饰颜色、形状的象征意义

1.颜 色

红色：象征健康、活力、热情和勇敢。佩戴红色首饰，使人感到热烈、

喜庆和充满活力。

　　黄色：象征光明、愉悦、温暖和期待。佩戴黄色首饰，给人以光辉、灿烂和希望的印象。

　　绿色：象征青春、活力、朝气和自然。佩戴绿色首饰，给人以清新、安宁与和平的感觉。

　　蓝色：象征博大、清新、宁静和幻想。佩戴蓝色首饰，给人以幽远、理智和高深的感觉。

　　紫色：象征高贵、典雅、华丽和神秘。佩戴紫色首饰，给人以优越、奢华和神秘的感觉。

　　白色：象征纯洁、光明、文雅和朴素。佩戴白色首饰，给人以纯净、圣洁和高雅的感觉。

　　橙色：象征活泼、喜悦、华美和成熟。佩戴橙色首饰，给人以成熟、神圣和艺术的感觉。

　　青色：象征坚强、庄重、含蓄和典雅。佩戴青色首饰，给人以典雅、刚强和稳健的感觉。

　　金色：象征光荣、华贵、辉煌和希望。佩戴金色首饰，给人以富足、优裕和

成功的感觉。

黑色：象征静寂、严肃、庄重和高贵。佩戴黑色首饰，给人以稳重、高贵和神秘的感觉。

2. 形 状

方形：象征事业心强。

三角形：象征个性活泼。

圆形：象征温柔。

椭圆形：象征稳重成熟。

星形：象征充满幻想。

心形：象征爱情。

3. 生辰石

一月：石榴石，象征友爱、忠实和贞洁。

二月：紫晶，象征诚实、忠心和善良。

三月：海蓝宝石，象征沉着、稳重和勇敢。

四月：钻石，象征天真、纯洁和诚信。

五月：翡翠、祖母绿，象征幸运、福分和永久。

六月：珍珠，象征富裕、健康和长寿。

七月：红宝石，象征热烈、喜庆和爱情。

八月：橄榄石，象征和谐、美满和幸福。

九月：蓝宝石，象征严谨、慈爱和高尚。

十月：欧泊，象征圆满、幸福和希望。

十一月：黄玉、黄水晶，象征坦诚、真挚和友爱。

十二月：青金石、绿松石，象征意志、信心和成功。

第六节 FEICUIJIANBIE
翡翠鉴别

翡翠识别，就是凭借技术和经验，判定是天然翡翠，还是经过酸洗注胶处理的翡翠以及其他仿冒制品。

识别的主要内容是：分辨B货、C货、B＋C货、八三玉和其他仿品。

一、B货

1.用眼睛观察

（1）透明度

翡翠的透明度比较真实、自然、随和，一般货品底子不是那么干净、那么清爽；B货的透明度显得比较做作，不真实、不自然，底子太过干净、清爽。

（2）光　泽

物质光泽的强弱，受物质内部成分和结构所制约。翡翠光泽较强，为玻璃光泽，灵性足；B货经过酸洗，破坏了组织结构，掺有树胶，反光较弱，灵气不足，具有蜡状光泽或树脂光泽。其他软玉呈油脂光泽，蛇纹石类似玉矿物呈蜡状光泽。

（3）颜　色

翡翠颜色，多种多样，整体来讲，绿色呈不均匀分布。绿色在白色中，呈点状、脉状、条状、斑状；而B货或其他软玉、蛇纹石玉颜色呈均匀分布。在绿色色调上，翡翠绿色变化最大，有浅有深，有鲜有暗，只有翡翠独具鲜绿色，B货及其他软玉不可能具备。

（4）翠　性

"翠性"是翡翠单独具备的特性，可以用这个特性，区别翡翠与B货、C货、软玉以及其他仿制品。由于翡翠晶体表面呈矩形或方形，加之翡翠具有两组解理，因此，在光的照射下，可以见到翡翠晶体断面及解理，有如"苍蝇翅膀"，这是所有翡翠独有的一种特性；B货和软玉以及其他仿制品，缺乏"翠性"，看不到"苍蝇翅膀"。

（5）精　神

A货整体看去自然而有精神，似有灵性；B货整体样子缺乏灵性，显得木木讷讷，没有精神。

2. 用耳朵听声

将翡翠手镯用绳子吊起轻敲，声音清脆，似有钢声；B货声音沉闷，敲不出像A货那样清脆的声音来。行内总结出的听声经验是："铿铿铿，货品真；铠铠铠，货品诓。"

3. 用手触摸

翡翠导热性能好，触摸冰凉；B货导热性能差，似有温感，原因是B货掺有与翡翠导热性能完全不一样的树胶物质。业内的说法是："A货冰，B货温，用手触摸能知真。"

另外，翡翠颗粒的结合方式比较特别，是镶嵌结构，具有锯齿形断口，手感锋锐；B货手感没有那么锋锐。

放大镜看：翡翠致密光滑、晶粒完好、边界清楚、井然有序、没有熔蚀点；B货有熔蚀凹坑及表面龟裂，晶粒遭受破坏，边界模糊，纤维状晶体失去方向，显得杂乱无章。

4. 用仪器检查

世间物质，都有证明其身份的固定数据，这些数据，锁定了他们各自的身份。比如：硬度、密度和折光率等。

（1）硬度

翡翠的硬度为6.5～7，相当于家庭使用的钢锉；B货和其他软玉不可能是这个硬度。

（2）密度

翡翠密度为3.33～3.40；B货因掺入树胶，密度较小。其他软玉的密度也小于翡翠。

（3）折射率

翡翠的折射率为1.66；B货因掺有树胶，折射率低于1.66。

（4）用紫外光灯观察

因为树脂会激发黄白色荧光，所以，发光的基本上可以确定是B货。

（5）用红外光谱仪鉴别

B货在红外波长2900㎝附近出现3个吸收峰，这是由树脂胶引起的。

二、C货

人为染色，其目的就是为了提高翡翠价格。染色的方法很多，常见的是染料注色和抛光时加入染色物质。识别的方法是：

（1）肉眼观察，色泽呆滞，缺乏灵性，没有温润感，色泽不够纯正，色彩夸张，很不自然。

（2）颜色浮于表皮，显得比较浅、空泛，色不实在、不协调。

（3）在放大镜下观察，色不在晶体内部分布，而是在外表或者微隙之间，呈现：或四散、或堆积、或网状、或团块分布，见不到色根。

（4）在查尔斯滤色镜下观察，呈粉红色。

（5）放入一溴萘中轮廓清楚。一溴萘的折光率与翡翠的折光率接近，翡翠进入，颜色轮廓不清楚，C货进入，颜色、轮廓比较清楚。

（6）丙酮棉球染色。将沾有丙酮的棉球，擦拭C货，棉球被染色。

（7）遇热褪色。在阳光下暴晒，慢慢地颜色会变黄，在火上烤，会褪色。

三、B＋C货

是一种浸酸染色再注入树胶的翡翠，质地和颜色都经过人工处理，是一种双料假货翡翠。识别方法是：

（1）肉眼观察，颜色往往过于鲜艳，显得特别不自然。

（2）底显得十分干净，底和色很不协调，色和种极不自然。

（3）在滤色镜下观察，大部分不显示红色，个别显示红色。

（4）在放大镜下观察，颜色显得非常呆滞。

四、镀膜翡翠

颜色呆板无变化，光泽暗淡，带有蓝色调，识别方法：

（1）在10倍放大镜下观察，表面镀膜具有厚薄不均等流动状构造，镀膜上有砂眼和气泡。在绿色区段与无色区段交界的过渡带上，可见到表面因喷镀而留下的绿色膜的密集小点。这种色点，从无色段的表面开始，越靠近绿色段密集度越高，最后连成一片，非常类似喷漆。

（2）硬度较低，用指甲、钢针等硬物刻划，或者在水泥地上摩擦，镀膜表面会出现痕迹。

（3）整体给人的感觉是呆板、病态、没有精神。

（4）用手摸，不滑腻，有滞涩感。

（5）以二甲苯棉球擦拭，棉球会被染色。

（6）用火烧，镀膜即毁坏。

（7）开水烫，镀膜会变形。

五、八三玉

在市场上，常见冒充翡翠的还有八三玉。在1983年于缅甸无名矿山发现，是一种新的玉种，结构粗糙，密度、硬度较低，无"翠性"，含硬玉矿物不到30%，在放大镜下难见到条柱状硬玉矿物晶体结构，局部有淡紫色，或淡绿色，或蓝灰色，或灰色。常用它来制作B货翡翠。异名有"爬山玉"、"巴山玉"、"缅甸新玉"。一只八三玉手镯的售价，是普通翡翠手镯价位的三分之一到五分之一。识别方法是：

（1）肉眼观察，带粉红、灰色，光泽度差。

（2）敲击听声，声音沉闷。

（3）八三玉相当于B货，鉴定B货的方法，基本适用于鉴定八三玉。

市场上，八三玉饰品比较普遍，售者特别是来华在旧货市场上卖翡翠的缅甸商人，一般都会把八三玉说成是"新玉"。"新玉"是种含糊其词的名称，人们一听到"新"，就会与原来的"老玉"这种好翡翠相混淆，将其误认为是真翡翠，买者必须提高警惕。

六、翡翠与相近玉的区分

容易与翡翠相混淆的有软玉、独山玉、蛇纹玉、岫玉、澳洲玉、马来玉、玛瑙、贡翠、贵翠、东陵石、钠长石玉、困就、沫子渍、不倒翁等。

软玉：具有毡状结构，有的比翡翠的结构还细腻。油脂光泽，颜色分布均匀，密度、折射率都低于翡翠，无翠性。

独山玉：颜色分布不均，绿色、白色、紫色、墨绿色等常分布在一块料上，密度比翡翠低（2.7～3.0）。

蛇纹玉：颜色为黄绿色，蜡状光泽，硬度、密度、折射率比翡翠低。

岫玉：产于辽宁省岫岩地区，声音沉闷。

澳洲玉：隐晶质集合体，密度、折射率低于翡翠。

马来玉：马来玉是一种染色的石英岩，常用来仿冒高绿翡翠，饰品多为平安扣以及挂件之类。密度和折光率都小于翡翠，颜色呈网状，在查尔斯滤色镜下，呈粉红色。

玛瑙：无色根，绿玛瑙闪蓝光，没有翠性，断口为半闪亮渣状，密度2.65，明显小于翡翠。

贡翠：贡翠产于云南高黎贡山一种绿色大理岩，透明或半透明，绿色均匀，比翡翠色淡，密度、硬度小于翡翠。

贵翠：贵翠是一种含高岭石的绿色细粒石英岩，粒度粗，常带砂眼，折射率为1.54，密度2.65。

东陵石：产于印度的一种含铬云母的绿色石英岩，颗粒粗，可看到闪亮的绿色铬云母鳞片，显丝绢光泽。密度2.7～2.8。

钠长石玉：又叫"水沫子玉"，无色、白色、灰白色。底子常见白色的"棉"或"白斑"，就像清水里翻起沫子，因此而得名。透明度好，硬度、密度、折射率都低于翡翠。

困就：产于中缅边境的透明至半透明的软玉，折射率为1.6～1.61，硬度是6，比重为2.96～3.02。

沫子渍：产于中缅边境的一种石头，因颜色深浓，常用来做薄片饰品，是一种钠铬辉石，其中有一定透明度的有玉感的，才称钠铬辉石玉。硬度、密度都低于翡翠。

不倒翁：产于缅甸北部地区，主要矿物为水钙铝榴石，次要矿物为黝帘石、符山石及闪石类。硬度6.5～7，密度3.41～3.44，折射率1.71～1.72。

人们将困就、沫子渍、水沫子和不倒翁称为"四大杀手"。

第七节 FeiCuiZhiLiAng 翡翠质量

翡翠质量，就是翡翠好还是不好？好到何等程度？差成什么样子？

影响翡翠质量的因素复杂多样，单就质地、颜色就存在非常多的因素，每一种因素的变化，每一种因素之间的不同组合，都会引起翡翠总质量新的变化，都会对翡翠总质量产生影响。按照云南省《翡翠饰品分级》和《翡翠

质量等级评价标准》从颜色、透明度、纯净度、质地四个方面分级，再加上工艺和质量，就可以对翡翠饰品，进行综合分级评价了。

一、颜　色

第一等：色调是纯正绿色。其中包括：深正绿色、翠绿色、苹果绿色和黄秧绿色。色极均匀，不浓不淡，色泽艳润亮丽。

第二等：色调是纯正绿色。其中包括：深正绿色，翠绿色，苹果绿色和黄秧绿色。整体绿色较均匀，其内有浓的绿色条带、斑块和斑点。整体绿色不浓不淡，色泽艳润亮丽。

第三等：色调是纯正绿色。其中包括：深正绿色，翠绿色，苹果绿色和黄秧绿色。整体绿色不均匀，浓淡程度也不均匀，整体绿色较适中，色泽艳润亮丽。

第四等：色调微偏蓝绿色。其中包括：浅淡正绿色、浓深正绿色、鲜艳红色、艳黄色和紫罗兰色。整体色调均匀，不浓不淡，色泽艳润亮丽。

第五等：色调是蓝绿色。其中包括：淡红色、淡黄绿色、淡黄色、淡紫罗兰色、纯透白色、绿油青色和纯透黑色。整体色调均匀，蓝绿色不浓不淡，色泽润亮。

第六等：蓝、灰蓝色。其中包括：暗蓝色、油青色、浅灰色、灰色和白色等。色调均匀，不浓不淡，色泽润亮。

以上仅以绿色一种颜色来分翡翠颜色的级别，绿色最为名贵，择其要者分级之。可是，翡翠常态是多色

的。多色，就会多姿多彩。重视翡翠色彩的多样性，是玉文化的传统。古人对色彩的多样性早有描述和总结，表述也极为恰当和精确。如：蓝如靛青，青如鲜苔，绿如翠羽，黑如墨光，黄如蒸栗，白如膏脂，赤如鸡冠，紫如凝血。这么多的颜色，翡翠都具备。

多色的翡翠，以一色评价，是不是"以偏概全"？答案是否定的。抓住主要的色彩，并不是不考虑别的色彩。多样兼备，相得益彰，这也就是翡翠难以估价的原因之一。平时，在翡翠评价实践活动中，人们在评价绿色的同时，一般都会对别的颜色一并进行评价。

颜色是翡翠美的重要因素。人佩戴翡翠饰品，重要的是颜色，颜色比质地、款式更能体现人的内质美。

红色：刺激人的神经兴奋，促进人的肾上腺分泌和血液循环。

橙色：诱发食欲，镇定情绪，有助于钙质吸收。

黄色：活跃思维，促进消化吸收。

绿色：促进肌理平衡，引导精神缓和，帮助消除疲劳。

蓝色：降低血压，促进体内新陈代谢。

紫色：刺激运动神经，减少压抑，使人安静温和。

白色：使人纯洁，叫人灵动。

黑色：令人捉摸不透，使人含蓄、冷静和矜持。

把色彩学运用到玉学上，中国有一套传统说法：

一色：纯一不染。

二色：黑白分明，天地玄黄。

三色：三光照耀，三元及第，桃园三结义。

四色：四维生辉，福禄寿喜。

五色：五星聚魁，五福呈祥。

六色：六六大顺。

多色：群仙上寿，万福攸同。

红色：鹤顶红，人参朵，朱砂片，燕脂斑，鸡血红。

黑色：乌云片，淡墨光，黑漆古，多貂须，美人髻。

紫色：茄皮紫，玫瑰紫，羊肝紫，灵芝紫。

青色：铁莲青，竹叶青，虾子青，熊胆青。

绿色：松花绿，苹果绿，蕉芽绿，瓜皮绿，鹦鹉绿。

黄色：蜜蜡黄，米色黄，鸡蛋黄，秋葵黄，栗色黄，鸡掌黄，老酒黄，黄花黄，黄杨黄。

白色：鸡骨白，象牙白，鱼骨白，糙米白，鱼肚白，梨花白，雪花白。

对色的形状也有形容：雨过天晴（青），梅花数点，长虹贯日，太白经天，金星绕月，玉带缠腰，红日东升，秋葵西向，孤雁宿滩，苍龙浴海，桃花流水，银湾浮萍。

二、透明度

第一等：透明，民间俗称玻璃地。

第二等：亚透明，民间俗称冰地。

第三等：半透明，民间俗称蛋清地。

第四等：微透明，民间俗称米汤地。

第五等：不透明，民间俗称瓷地或石灰地。

翡翠越透明越好，上等好货一定是透明的。

三、净度

第一等：极纯净。基本不含瑕疵，在10倍放大镜下，不见任何裂隙、白棉、黑点、灰点、灰丝和黑丝，在不显眼处偶有个别不影响净度的白棉或黑点。

第二等：纯净。瑕疵含量稀少，在10倍放大镜下，不见裂隙，肉眼可见少量细小黑点、白棉及黑灰丝等。

第三等：半纯净。含少量瑕疵，肉眼不见裂绺，在10倍放大镜下，可见少量裂绺，肉眼可见少量白棉、黑点、黑灰丝及少量冰渣状绺状物。

第四等：欠纯净。含一定量的瑕疵，肉眼见少量裂绺及较多的白棉、黑点、灰黑丝和冰渣状绺状物。

纯净只是相对的。纯了又纯，净了又净的物质，世间几乎找不到，找得到的恐怕就是那些仿制玻璃一样的东西。翡翠中的白绵，可以把它看作是"祥云"或"瑞雪"，祥云祝人吉祥，瑞雪兆丰年。"小瑕不掩大瑜"，特殊的瑕疵，异样的绺纹，只要你驰骋想象，相准了，说不定还会是好花一枝！这就看你怎么看待，怎么去评价了。

四、质 地

第一等：极好。结构非常细腻致密，粒度均匀微小，在10倍放大镜下，不见晶粒大小、复合原生裂隙及次生矿物充填的裂隙等。粒径小于0.1mm，多为纤维状结构，难见"翠性"，俗称老种。

第二等：好。结构致密，粒径大小均匀，在10倍放大镜下，可见极少细小复合原生裂隙和晶粒粒度大小，但见不到次生矿物充填裂隙。粒径在0.1～1mm之间，纤维状结构，粒状结构，偶见"翠性"。俗称老种。

第三等：一般。结构不够致密，粒度大小不够均匀，在10倍放大镜下，局部见细小裂隙、复合原生裂隙及次生矿物充填裂隙。粒径在1～3mm之间。柱粒状结构，比重有所下降，多见"翠性"。俗称新老种。

第四等：差。结构疏松，粒度大小悬殊，肉眼可见裂隙、复合原生裂隙及次生矿物充填裂隙等。粒径大于3mm，柱粒状破裂结构，比重、硬度明显下降，易见"翠性"。俗称新种。

五、工　艺

涉及成品的轮廓、对称性、长宽比例等。具体应考察：

（1）玉件是否已物尽其材，设计是否有创意，质地是否配合完美，色彩是否得到充分利用。

（2）玉件图案的点、线、面的比例是否协调，线条是否流畅，题材的表达是否充分，雕工是否精细圆润，抛光是否完美。

（3）俏色利用是否恰当，瑕疵处理是否恰到好处。

六、大小或体积

一些高品质的翡翠，是以克为单位，一些大块的花牌料，则以公斤为单

位，一些质地差的砖头料，是以吨或以堆计算，无论哪种方式，质量总是影响价值的重要因素。

将翡翠分级，是一件极不容易的事情。翡翠饰品，千差万别，一件不同一件，只有将六个方面综合起来，仔细地、审

慎地、综合地考量，才能比较准确地把翡翠的好坏真正区分开来。

—— 第八节 FEICUIPINGGU
O 翡 翠 评 估

翡翠评估，是指人们按照一定的价值标准，对翡翠的价值进行判定，确定出该翡翠恰当的货币值。

评估应按产品特性进行，翡翠产品的特性是：

（1）既是消费性的产品，又是投资性的产品；在内涵上，有丰富的文化积淀，既能满足人的物质需求，又能满足文化需求。因而，翡翠不是一般经济学中的只有固定价值的"等价物"。

（2）在材质上，细腻温润，丰腴可人；在消费使用过程中，消费损耗的速度极慢，甚至不但不损，反而增值。

（3）是一种不可再生的资源，越来越表现出它的稀缺性。

翡翠价值内容：

①资产价值。翡翠稀少，体积小，便于携带，是传家宝，是家庭财产继承的重要组成部分。

②投资价值。翡翠是一种浓缩的财富。香港佳士德拍卖公司拍出的由27颗翠组成的项链，1989年以1900万港币成交，到1994年该项链再次拍卖时，成交价竟达3300万港元，五年升值73%。

③信用价值。戴名贵翡翠饰品的人，哪怕身无分文，给人的印象也是非

富即贵，一定具有很强的支付能力。

④文化价值。翡翠色彩美、质地美、工艺美，是玉中之王，它继承了中国玉文化传统，并进一步把这种传统发扬光大，具有很高的文化价值。

翡翠评估要坚持原则：

（1）真实性原则

以实际材料为基础，以确凿的事实为依据，实事求是地得出评估结果。

（2）科学性原则

遵循科学的评估标准，采用科学的评估方法，尽量做到让每一个环节都有科学依据。

（3）公正性原则

评估人员必须坚持公正立场，以中立的第三者身份客观公正地进行评估。

评估要坚持程序：程序是首要的操作规程，包括接货、描述、鉴定、质量分级、估价、编写评估报告等。现在有的地方，搞翡翠评估不讲程序，拿一件东西，找几个所谓的"专家"，随便议个价，就叫评估。如果深究下去，就会发现往往同利益人牵连在一起，形成了事实上的不公平。

评估人要有高水平：评估包括认知和评价两个层面。认知是客观的、第一性的，是评价的基础；评价是主观的、第二性的，是认知的延伸和结果。翡翠评估的公正与否，取决于评估人对翡翠认知把握的准确程度。评估人的水平直接影响着评估的结果。评估人首先要会质量鉴定，其次要会评定价格。前者是个定数，后者是个变数。评估要经得起时间的考验，所

以，评估并非是件易事。具体用一个理想公式表达：

评估员＝价格评定员＋半个经济学家＋半个翡翠学家

评估机构要有公信力：评估机构的体制是否具有中立性和公众性，是决定评估能否公平公正的关键一环。应该从法规制度上，确定评估机构的体制和运作模式。只有制定一个体现公平公正的法律制度，才能保证在良好的制度环境中，做到公平公正地评估。

翡翠评估，具有导向作用。通过评估人的辛勤劳动，使人更自觉地认识翡翠的美，认识翡翠这种特殊的财富。

第九节 FEICUIBAOYANG 翡翠保养

翡翠保养，需要注意三点：

一、不要与硬物相撞

右手做事较多，推拿重物机会频繁，为保护手镯、方便行动，镯一般不要戴在右手上。

进行易伤翡翠的作业，比如：搬砖抱石、敲铜砸铁、拆危砌墙、搬缸挪瓮、推磨碾米、堆砖垒石、砍柴破木等活计，一般不要配戴手镯。

旅游探险、登山攀岩，最好把手镯取下来。

贴身佩戴的挂件，隔段时间，需检查拴绳，防线断脱落丢失。

如果家庭的饰物较多，且无各自的包装，千万不要把翡翠和钻石放在一起，因为翡翠的摩氏硬度是6.5～7，钻石是

10，以防钻石对玉刻损。

摆件的安置，既不能放在人来人往的通道上，更不能放在太阳照射的地方，要放在安全、显目、突出之处。

二、不要放在炽热处烘烤

不要把翡翠放在太阳光下暴晒；不要频繁地靠近热源，如烤火，高温车间作业，使用火炉灶具等。偶遇热源，时间不长，不会对玉件造成影响。

三、不要用酸碱浸泡

从事酸碱职业的人，如化学实验室，工厂酸碱车间，化工商店等，在工作时，一般不要戴玉。

人体汗液里也有酸碱成分，翡翠佩戴一段时间后，会出现被污染的情况，可用软干布擦拭，或用温肥皂水清洗，再用酒精揩擦，置于通风处吹干。清洗时，应注意避开漂白剂等化学药品，避免用沸水清洗。

保养，是人对翡翠的一种精心照料，是人对稀罕物的一种格外温存。其实，玉特别是翡翠，并不那样"孱弱"得一定要人格外保护。珠宝翡翠的三大特点之一，就是耐久性，包括抗刻损，耐高温，拒酸碱等。消费者可持平常心态，按各人的生活习惯，该怎么用就怎么用，该怎么戴就怎么戴，只要安全、舒适、美观、漂亮就可以了。

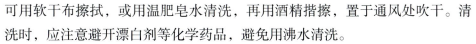

第十节 FEICUIBAOJIAN 翡翠保健

玉对人的保健作用，可从物质和精神两个层面理解。

古代医学著作记载，玉有"除中热，解烦懑，润心肺，滋毛发，助声

喉，养五脏，安魂魄，疏血脉，明耳目"的作用。

玉含多种微量元素，如：铝、钠、镁、硒、铁、钙、铬、锰、锌等。锌元素可以帮助激活胰岛素，调节能量代谢，维护人体的免疫功能，促进儿童智力发育，具有抗癌、防畸、防衰老等作用。锰元素可以对抗自由基对人体的损伤，参与蛋白质、维生素的合成，促进血液循环，加速新陈代谢，防止动脉硬化。硒元素是谷胱甘肽过氧化物酶的组成部分，它能催化有毒的过氧化物，还原为无害的羟基化合物，从而保护生物膜免受伤害，起到抗衰老的作用。

玉对人体皮肤保护，有明显作用。药典《圣济录》记载："面身瘢痕，真玉日磨之，久则自无"。在《御香缥缈录》中，记载了慈禧太后用玉健肤的详细情况，慈禧称之为"皮养精"。

戴苏兰编著的《玉石》（地质出版社）列举了个案、群案的例子，说明玉石对人体确有保健祛病的作用：

一个长期患严重失眠症的妇女，自双手各戴一只玉镯之后，治好了失眠症。

辽中县一位八十岁的老人，通过枕玉，头发变黑，牙痛消失，耳不聋，眼不花，读书、看报、听广播不费劲。

辽宁省中医学院经对一百名患者临床使用岫玉

玉枕，疗效观察表明：玉对人头痛、头昏、失眠、神经衰弱、高血压、脑血管动脉硬化等慢性疾病，有特殊的治疗效果。长期使用玉饰品，可以减皱祛斑、滋阴养血、增强记忆、振奋精神。临床测定有效率达98%以上。观察报告称：玉疗"开辟了人类抗衰老的新途径"。报告还进一步说明此项实践及结论，是由六名专家教授组成的鉴定委员会鉴定的。

有如此疗效的原因是三个：

一是玉石的冷却作用，可以降低人体局部接触部位的温度，加速血液循环，即人们所说的"活血"。

二是压电性与热电性作用，产生微电磁场，使人体器官协调平衡。

三是穴位按摩，对人体有舒筋活血作用，从而减少疾病的产生或消除疾病。

该书还引述了李英豪先生《护身玉》中讲述的盘玉养身的例子，说是有位世伯，患老年病，手指酸软无力，有时还会麻痹和颤动，精神恍惚，忐忑不安，后佩戴和盘玩古玉，慢慢地，手不抖了，麻痹症状也消失了。

以上例子，还属个案，还不具有普遍意义，还没有进一步扩大到临床实验，至今仍没有科学数据说明，也还没得到推广。

物质会转化为精神，玉给人以涵养，完全合乎逻辑。

玉石美观，赏心悦目，可以化解烦躁情绪，避免因烦躁引起的纷争和麻烦。

把玩玉石，遐想天地造化之不易，体会人工雕琢之艰辛，品味人生活法之精妙，联想世事变迁之哲理，不免心旷神怡、豁然开朗、精神振奋，人间苦闷，为之一消。原来烦恼的世事现在不烦恼了，原来失去信心的事现在有信心了。玉给了人一种人格力量的内涵，给了人一种道德升华的底蕴，给了人一种思维定势的转换，给了人一种奋勇前进的力量。

翡翠为多晶体组成，由它那致密坚固的结构，联想到人的一个团队，要坚强团结，干事扭成一股绳。

翡翠是晶体结构，由晶体的排列有序，联想到人际间要平等相待，家庭中互体互谅，社会要

协调发展，人类要和谐共处。

翡翠晶莹剔透，由它的透明度，联想到做人要心胸开朗、心地坦荡，做事要光明磊落、光明正大。

翡翠有瑕疵，由瑕不掩瑜，联想到为人要诚实，做人要忠厚，有缺点不要遮拦，有错误不要隐瞒。

翡翠有底，由底张，联想到做人的根本，处在激烈竞争的社会环境中，生活在利欲熏心的狭缝里，要有一个基本的生活准则，要有一个起码的道德底线，要不断地规范自己的言行举止。

翡翠色彩丰富，由多色彩，联想到生活的多元化、生活舞台的精彩纷呈，进而想到民族团结，由多民族组成的中华民族，五十六个民族，五十六朵花，各民族聚拢是一家。

翡翠需要雕琢，由"玉不琢，不成器"，联想到人生进步，要学习、要检点、要磨炼、要反省，要不断地以高标准要求自己，生命不止，学习不已，活到老，励志到老。

有人说：玉可以保平安，玉能够消灾免难。这也是玉在精神上养人的表现。玉对人的心理治疗，起很好作用。

第十一节 FEICUISHOUCANG
○ 翡翠收藏

翡翠原料的稀缺性，工艺的历史性，作品的人文性，使收藏越来越受到人们的青睐和重视。

一、收藏功能

1. 财产保值

翡翠是不可再生的资源，随着可开采资源的日渐枯竭，随着人们认知程度的提高，市场需求量越来越大，其精品量越来越少，其升值空间越来越大，收藏翡翠是积累财富的一条重要渠道。1992年一套翡翠珠串拍到300万，两年后，同一件拍品，竟然涨到了3302万。

2. 传世家当

翡翠体积小，所占空间不大，变卖出去的承接力很强，价格只涨不跌，只要有闲钱，尽管为子孙积累起来。

3. 光宗耀祖

在翡翠的藏品上，你会看到祖先曾有过的辉煌。你会发奋图强，继承祖先遗志，将祖业进行到底。

4. 精神享受

玉有悠久历史，收藏和把玩翡翠，可以得到无限的精神享受。"玉不琢，不成器"，使你不断地对自己进行人生励志。

5. 宗教信仰

人为了在精神上有个寄托，常把宗教信仰与翡翠联系在一起，用翡翠观音、佛来保佑自己。

6. 教育后代

翡翠收藏，无论出自何种目的，都必然会直接、间接地涉及各种科学知识，因此，收藏翡翠的过程，就是一个教育后代的过程。

二、收藏原则

1. 真实性原则

要收藏真品，不要收藏 B 货、C 货和赝品。

2. 量力性原则

根据自己的实力，由粗到精，由少到多，一步一步地摸索，一步一步地积累。

3. 精致性原则

宁少勿多，宁精勿粗，宁缺勿滥。一件通透满绿、雕工特异的藏品，超过几十件普通藏品。

4. 独特性原则

物以稀为贵，人有我有，不如人有我特，人有我奇。

三、收藏方法

有两种方法：

一是边藏边售，叫"以藏养藏"。收藏的前端是投入，经济实力不强的，多采用这种形式。

二是只藏不售，叫"长线收藏"，价值回报待将来。采用这种方式，除经济宽裕之外，还需要有丰富的经验和好的技术做保障。

收藏方法，因人而异。不同的人，有不同的方法，但一些基本的做法程式，应该是相通的：

1. 明确收藏目的

有明确的收藏目的，才能制订出好的收藏目标。

2. 广泛收集信息

从产地、市场、国家、民间、广播、电视、报刊、杂志等渠道，广泛收集信息。

3. 选择收藏目标

在获取了大量信息之后，必须认真分析，科学研究，选择一个好的收藏目标。

4. 辨别藏品真伪

对藏品的真实性要确定无疑。当然，偶有失误，也在所难免，不因失误而因噎废食。

5. 评定藏品质量

对藏品的质量要进行评定，对藏品价位的把握要基本准确。失误的概率一定要降低到最低限度。

6. 获得藏品方式

可以是购买，可以是交换，可以是馈赠，可以是继承，可以是索要，也可以是自制。

7. 整理藏品

藏品要认真整理，细心分类，及时入柜，妥善保管。

第十二节 JiXiAngTuAn
吉祥图案

所谓图案的吉祥，就是人们所说的"图个吉利"。用具体物象，说明人的感觉意象，用人觉得美好的东西，表达人的诉求、祈愿。吉祥图案，是一种活化石，是传统文化的组成部分。

一、吉祥图案的表现手法

1. 谐音借喻

利用读音与某一吉祥字、词的同音或近音，来表达吉祥用意。如："戟"谐音"吉"，"鱼"谐音"余"，"蝠"谐音"福"，"鹿"谐音"禄"，"菜"谐音"财"，"白菜"谐音"百财"等。

2. 比拟象征

利用拟人拟物的手法，将人比作美好事物，或将美好事物当作人，如：以梅、兰、竹、菊比喻人的高风亮节；以如意、百合、柿子组成"百事如意"。

3. 直接使用

将具有

吉祥意义的汉字，变形或汇聚使用，如："福"、"富"、"寿"、"喜"，"百福图"、"百富图"、"百寿图"、"百喜图"等。近年还有人汇聚出"万福图"和"万寿图"。

4. 综合概括

把各种配制综合使用，如：将许多吉

祥物的特征，综合在某一个物体上，将这种本来就神圣的吉祥物，表现得更加威严瞩目、合情合理、尽善尽美。

二、吉祥图案

1. 鸿福类

百福图	天官赐福	福禄寿三星
多福多寿	双福	万福流云
五福捧寿	五福和合	平安五福自天来
多福多寿多男子	福在眼前	翘盼福音
纳福迎祥	福份无疆	三多九如
平安如意	新韶如意	吉祥如意
福寿如意	和合如意	事事如意
百事如意	万事如意	必定如意
连年有余	吉庆有余	年年有余
鲤鱼跳龙门	本固枝荣	华封三祝
福缘善庆	刘海撒钱	

2. 仕途类

平升三级	加官进爵	加官受禄
封侯挂印	冠带传流	一甲一名
三元及第	连中三元	指日高升
喜得连科	一路荣华	一路连科
一品当朝	官居一品	喜报三元
尚书红杏	杏林春燕	带子上朝
海水江牙	水纹图	状元及第
独占鳌头	雁塔题名	翎顶辉煌
五子登科	二甲传胪	青云得路
云纹图	火纹图	官上加官

3. 长寿类

百寿图	八仙庆寿	长生不老
八仙延寿	麻姑上寿	蟠桃献寿
群仙祝寿	芝仙祝寿	天仙拱寿
天仙寿芝	松鹤长春	延年益寿

代代寿仙	群芳祝寿	齐眉祝寿
状元祝寿	九龙祝寿	贵寿无疆
寿居耄耋	必得其寿	嵩山百寿
五岳图	东方朔捧桃	春光长寿
寿山福海	海屋添寿	群仙集庆
仙壶集庆	万寿长春	天地长春
天地长久	万代长春	长春白头
杞菊延年	松菊犹存	和合万年

4. 吉祥类

百事大吉	年年大吉	室上大吉
全寿大吉	八吉祥	宝相花
岁岁平安	四季平安	竹报平安
马上平安	风调雨顺	天中集瑞
富贵万代	富贵万年	富贵长春
富贵姻缘	富贵平安	富贵耄耋
富贵寿考	玉树临风	玉堂富贵
荣华富贵	白头富贵	长命富贵
满堂富贵	神仙富贵	功名富贵
龙图	苍龙教子	龙生九子
蛟龙拱璧	一琴一鹤	凤凰图
龙凤呈祥	丹凤朝阳	四海升平
龟鹤齐龄	天平有象	太平世界
九重春色	三阳开泰	岁寒三友
君子之交	三清图	香花三元
一品清廉	伦序图	羲之爱鹅
同心之言	八骏马	十二生肖图
五瑞图	八宝图	太极图
八卦图	博古图	八音图

5. 喜庆类

百喜图	家家得乐	喜相逢
举家欢乐	竹梅双喜	喜在眼前

喜上眉梢	喜报春光	欢天喜地
喜从天降	报喜图	安居乐业
和合二圣	同偕到老	鹤鹿同春
夫荣妻贵	九秋同春	六合同春
麟凤呈祥	麒麟送子	连生贵子
早生贵子	鸳鸯贵子	福增工贵子
宜子孙	宜男益寿	宜男多子
兰桂齐芳	寿献兰孙	早立字
子孙万代	教五子	榴开百子
瓜瓞绵绵	因何得耦	聪明伶俐
伶俐不如痴	金玉满堂	黄金万两
九世同堂	招财进宝	九阳同居
渔翁得利	太师少师	狮子滚绣球

6. 吉祥图案的组配和寓意

下面，对一些常用的吉祥图案的组配和寓意，作简要解释：

年年有余：将两条鱼并列，或用鱼莲相伴。"鱼"与"余"同音，表示年年都有结余，生活富裕。

群仙祝寿：王母娘娘生日群仙祝寿图，又叫"群仙集庆"。民间把西王母当作长生不老的吉祥象征。

平安如意：用瓶、鹌鹑和如意组成。"瓶"与"平"同音，"鹌"与"安"同音，加上一个如意，即把意思表达完全。

福从天降：用一个娃娃抓到飞蝙蝠来表示。意为人所盼望的幸福吉祥，就要降临人间。

五福捧寿：用"寿"字周围有五只蝙蝠来表示。"蝠"与"福"谐音，五福："长命"、"富贵"、"健康"、"乐善好施"、"平和善终"。

福在眼前：用蝙蝠前面放古钱币表示。"蝠"与"福"同音，古钱钱币上有眼，即表示眼前。

翘盼福音：用一个儿童仰视蝙蝠飞来表示。"蝠"与"福"同音，福运、福音、福祉，仰视即翘首企盼。

和合如意：由盒子、荷花和如意组成。"盒"与"合"同音，"荷"与"和"同音。"合"、"和"是古代传说中的两位神仙，他们俩合在一起，是和谐的代表，是满意的象征。

万事如意：用万年青和如意来表示。万年青为多年生常绿植物，四季郁郁葱葱，让人赏心悦目，民间叫它"吉祥草"，作祝福、祈愿之用，万种祈愿都能够实现。

五子夺魁：用五个小孩争抢一个头盔来表示。五子夺魁，又叫"五子登科"，五个儿子都一起登科及第。

三元及第：用三个元宝垒在一起表示。"三元"形容多个名次，用以祝愿金榜题名，步步高升。

指日高升：用天官的手指向太阳来表示。指日，即指日可待，不久就能够升官发财。

马上封侯：用马、猴、蜂来表示。寓意很快就能够飞黄腾达。有的用猴在枫树上挂印，就是"封侯挂印"，所表示的意思相同。

一路荣华：用芙蓉花、鹭鸶来表示。"蓉"与"荣"同音，"花"与"华"谐音，"一只鹭"表示一路走来，一路荣华富贵。

独占鳌头：用仙鹤立于鳌背来表示。鹤在古代被称为"一品仙鹤"。鳌是海中大龟，古时考中状元，在接榜时要立于鳌头处。

青云得路：用风筝入云来表示。古人以云表示天，天不仅可以接纳仙人，还可以降雨滋润万物，因此称为"祥云"，放风筝还喻"春风得意"。

"平升三级"：用三只戟插入瓶中来表示。"戟"与"级"同音，"三"表示多，"瓶"与"平"同音，平安连升。祝颂官运亨通。

八仙庆寿：八仙是张果老、吕洞宾、韩湘子、何仙姑、铁拐李、汉钟离、曹国舅和蓝采和。由散仙组合而成，他们惩恶扬善，很受民间欢迎。

麻姑献寿：用麻姑腾云图来表示。麻姑既是天上仙女，又是人间的好帮手，只要让她祝过寿的人，没有不吉利的。

松鹤延年：由仙鹤和松树来表示。松为常青之树，终年郁郁葱葱；鹤为羽族之长，能活一千岁。松鹤延年，长寿的一种祈愿。

长生不老：用花生来表示。花生被称为"长生果"。花生根系相连，生机不断，果实累累。花生图案寓意：益寿延年，长生不老。

福寿双全：用一只蝙蝠和一个寿桃来表示。蝙蝠动态优美，风度翩翩，"蝠"与"福"同音，有福有寿，福寿双全。

龟鹤齐龄：用一只乌龟和一只仙鹤来表示。相传龟、鹤是千岁动物，把

两者相合，寓意长寿。

长命富贵：用长鸣的雄鸡和牡丹来表示。"鸣"与"命"谐音，"长鸣"即"长命"，牡丹是富贵之花，长生不老，大富大贵。

福至心灵：用蝙蝠、桃和灵芝来表示。此处的桃借形如心，"蝠"与"福"同音，借灵芝的"灵"字，寓意幸福聪明。

长命百岁：用长鸣的雄鸡加禾穗来表示。"鸣"与"命"谐音，"穗"与"岁"同音，长命百岁，喻人寿极高。

连生贵子：用荷花之中有一小孩来表示。荷花之果是莲子，"莲"与"连"同音，小孩喻贵子，连连得子，人丁兴旺。

早生贵子：用枣和桂圆来表示。"枣"与"早"同音，"桂"与"贵"同音，用以婚庆祝福早早生子。

金玉满堂：用数尾金鱼来表示。"金鱼"与"金玉"谐音，数尾表示多，即满堂之意。祝颂多多发财，富贵超人。

瓜瓞绵绵：瓞，小瓜，用一个或多个瓜表示。小瓜结在绵长的藤蔓上，小瓜长大以后，瓜肚里有一肚籽儿，象征人多子多孙、香火旺盛、代代相传、万世不绝。

麒麟送子：用麒麟上坐着一个小孩子来表示。麒麟是古代传说中的神奇动物，传说孔子出生之前，有麒麟就在他家中口吐玉书，说孔子是王侯将相的种子，将来一定会有大的作为。麒麟是一种祥瑞之兆。这里的小孩，表达新婚男女或久婚不育的家庭盼望得子的愿望。

送子观音：用观音像旁有几个小孩来表示。观音是成全之美的化身，图案表达人们祈盼得子的美好愿望。

喜上眉梢：用梅花枝头上有两只喜鹊来表示。"梅"谐音"眉"，喜鹊的"喜"代表喜事之喜。喜上眉梢，是指人遇到喜事时的喜悦表情。图案寓意喜事盈门，欢天喜地。

龙凤呈祥：用一龙和一凤来表示。古代传说，龙是伏羲和女娲形象用蛇的身子来表现。凤是百鸟之王，在古代被视为神鸟而备受崇拜。龙凤呈祥，多用于祝贺婚姻美满。详细解释见第二章第二节。

喜从天降：用蜘蛛从网上下坠来表示。古人把蜘蛛叫做"喜蛛"，会给人带来好运。据说，只要有蜘蛛来到家里，就会有喜事临门。蛛网在上，蛛下坠，即喜事从天而降。

欢天喜地：用喜鹊和獾来表示。喜鹊表"喜"，"獾"与"欢"同音，喜鹊在天上飞，有天运好合之意，獾的习性是喜欢掘地，有地气助人之意，两者结合，共同表达欢天喜地。

岁岁平安：用谷穗和一只鹌鹑来表示。"穗"与"岁"同音，"鹌"与"安"同音。岁岁即年年，年年岁岁，平平安安。有的将"岁岁"用四季来表示，又叫"四季平安"。

竹报平安：用竹和鹌鹑来表示。古代传说西山里有一种山鬼，常使人们生病。为了吓鬼驱邪，人们在火中燃竹使之爆炸，让山鬼逃遁。以后形成习俗，除夕和元旦，家家点燃爆竹，驱祸祟，保平安。"鹌"与"安"同音，竹报平安，寓意祸祟逃遁，人畜平安。

四海升平：用四个小孩共抬着一个瓶来表示。"孩"谐音"海"，"瓶"谐音"平"，四海，说明地域广大，无限宽广。升平，太平景致。四海升平，寓意祝愿天底下的人民都平安向上。这个吉祥图案的意境有了深化，它的寓意不限于个人、家庭、亲友，而是世界大同的普天之下。后来出现"普天同庆"的

吉祥图案也就不足为怪了。

事事如意：用柿子和如意来表示。"柿"谐音"事"，古人说柿树有七德，柿树寿命长，树荫多，不生虫，叶红可观赏，结果可食用。"柿"还与"狮"谐音，狮为百兽之王，在古代视为法的维护者，在佛教中是文殊菩萨的坐骑，也是寺院的维护者。事事如意，所有的事都很美满。

年年大吉：用一条鲶鱼和一个大橘子来表示。"鲶"与"年"谐音，"橘"与"吉"谐音，鲶为鱼中之优，除食用之外，还可入药。年年大吉，寓意所有天时都是好日子。

富贵平安：用牡丹花和苹果来表示。牡丹花是富贵之花，"苹"与"平"同音。富贵平安，是人们对生活的一种祝愿。

龙生九子：龙生九子不成龙，各有所好，又各展其长：

老大叫囚牛，好音乐，刻在琴头上；

老二叫睚眦，喜欢斗杀，刻在刀柄上；

老三叫嘲风，好冒险，刻在殿堂檐角上；

老四叫蒲牢，好鸣叫，铭刻在鸣钟的上面；

老五叫狻猊，好静坐，佛座的狮身就是其像；

老六叫霸下，喜欢负重，碑座兽头是它的塑像；

老七叫狴犴，喜欢诉讼，公堂门口狮身是其塑像；

老八叫负屃，平生好文，碑文两旁文龙即是其塑像；

老九叫螭吻，平生好吞，今殿脊上的兽头是它的相貌；

鹤鹿同春：用鹤、鹿与梧桐树来表示。鹤为羽族之长，俗称"一品鸟"、"长寿仙翁"；鹿为"长寿仙兽"；"桐"与"同"同音，梧桐是灵树。鹤鹿同春，祝颂健康长寿，永享天年。

喜在眼前：用一枚古钱摆在喜鹊面前来表示。喜鹊表示喜事和喜庆，古钱中间的洞喻"眼"，喜在眼前，表示喜事临门之意。

（七）动物和植物的吉祥含义

豹：古说"君子豹变"，比喻韬略风范。

狮：常立于官府权贵和财经机构的门前，比喻有财有势，威严势尊。

象：太平盛世的瑞应之物，象征富贵与地位。

鹿：帝王象征，"逐鹿中原"，"鹿死谁手"；鹿善群处，喻宾朋相聚；"鹿"与"禄"同音，比喻薪水多多。

兔：俗语称："蛇盘兔，必定富"，蛇机灵，善敛财，兔温顺，善守财。蛇兔是开源节流、发家致富的好配对。

鹤：古人认为，鹤能活1600岁，叫"一品鸟"，比喻长寿。

鸳鸯：寓比翼双飞，万死不离。

鸭：鸭字偏旁是"甲"，"富甲天下"之意。

龟：喻长命百岁。

燕：春天的象征，比喻学业和事业开头好，有后望。

鹭鸶："鹭"与"路"同音，比喻一路连升，一路荣华。

麒麟：相传体为麋，黄颜色，头为狼头，尾为牛尾，足为马足，有触角。寓意状元及第。

菊：凌霜开放，比喻励志不衰。

梅：象征冰肌玉骨，花之清高，群芳领袖。颂祝吉祥高贵。

荷：君子之花，出淤泥而不染，比喻品德高尚。

葫芦：枝藤蔓蔓，籽儿多多，比喻家业兴旺，子孙满堂。

第十三节 *FeicuiShuyu*
翡翠熟语

翡翠使用了几百年，在佩戴使用过程中，人的认知，感情的表达，出现了很多翡翠熟语。荀子说："赠人以言，重于珠宝"，现录入参考：

翡翠，有口皆碑，一个不朽的名字。

翡翠是高贵的代名词，谁敢在翡翠面前夸玉的海口。

非凡的翡翠创造了非凡的美。

玲珑剔透，小家碧玉。

翡翠的绿，把世界上最好的色都给了你。

翡翠是美的权威。

美的答案全在翡翠中。

翡翠是爱，永远的期待。

翡翠与时空同在，与日月同辉。

永恒是美，永不消逝的美，经得起时间考验的美。

会审美的人都会想到翡翠。

戴翡翠是美貌和青春的构思，戴上翡翠，年轻十岁。

美化女性是翡翠的特长。

入玉行，首先入翡翠。

翡翠在手，别无所求。

不用羡慕别人，翡翠会使你众压群芳。

世界上最有名的女人都拥有翡翠。

轻轻打开翡翠盒盖，里面飞出的是美丽。

女士节日的一份关心，翡翠标志一

个妇女。

你对翡翠的选择，是高贵夫人们的选择。

佩戴翡翠，明亮有朝气。

女人有品位，要感谢翡翠。

戴翡翠，体味雍容华贵。

戴翡翠，诠释了典雅高贵。

戴翡翠，再去约会。

戴上翡翠，戴上了青春。

翡翠，高质量的生活选择。

买坚硬的翡翠，温暖柔软女人的心。

戴上翡翠，有更多的回味。

翡翠，挡不住的诱惑。

翡翠，使女人梦想成真。

拥有翡翠足风流。

翡翠是最美的风景线。

戴上翡翠，顾盼自豪，尊贵卓越。

翡翠创造了新感性，同时保持了原有的个性美。

翡翠帮你守护着青春。

戴翡翠，天使的娇姿。

戴翡翠，充满青春活力。

当你需要与人竞争美时，你首先想到的是翡翠。

有身份的人佩戴有身份的翡翠。

出席重要场合，不会忘记佩戴翡翠。

给女人买翡翠是真正知晓女人的心。

这是最后让你满意的，也是让你满意到最后的翡翠。

收藏翡翠是收藏称心如意。

翡翠，云南瑰宝，戴回翡翠，就带回了云南。

营销员角色定位

YINGXIAOYUAN JIAOSE DINGWEI

第二章

角色，原是在传统戏曲中，根据剧中人不同身份而划分的人物类型。社会是个大舞台，翡翠营销员的社会角色是，在商务行业中高档商品类服务的人群。翡翠营销员的角色定位，主要是四个方面：

一、公司本职的代表

公司的本职是获取利润，回报社会。没有利润，不可能为社会作出贡献，其他一切都成为公司存在的多余。在激烈的市场竞争中，公司明显处在被动的买方地位，随时都在向捂着口袋的顾客要钱，随时都有被对手挤垮的可能。因此，服务已成为商品的重要组成部分。营销员服务的优劣，已不是个人的事，而是直接关乎公司的成败和命运。无此认识，就没有使命感，就没有工作动力，就当不好营销员，也就代表不了公司。真正能代表公司者，在思想和行动上要有"五感"：危机感、紧迫感、责任感、学习感和行动感。"五感"的首要是责任。当你选择做翡翠营销员时，也就选择了一种责任。责任不仅是一种永恒的职业精神，而且是一种用之不竭的能力。对个人来说，要在团队中立足，并成为优秀者，就应当把责任感融入自己的生活状态之中，无论在任何时候，想任何问题，做任何工作，都要提醒自己做一个负责任的人。责任胜于能力，守住责任，就守住了自尊与自爱，守住了自身形象和价值，守住了自己的岗位和工作。一个好的营销员，一定要警惕和防止"责任缺失综合征"在自己身上发生。团队中难免会有责任感缺失的个体存在，他可以从另一个侧面提示自己，缺失责任感会带来不好的后果，会像癌细胞一样扩散，使自己丧失斗志，懈怠精神，削弱自己的

工作能力。营销员要有自知之明，要有免受懈怠传染的能力，要有恪守责任、一马当先的做人做事标准。

二、翡翠成交的关键人

公司里的每一件珠宝首饰，从进货、侃价、运输到验收、核价、标签、上柜，经历了多少环节，费尽了多少心力，能否让老板所花心血的良好愿望变成现实，能否让员工的福利有个可靠的依托，能否

让公司经营得以成功，关键在营销员。成交考验着珠宝营销员，同样的货品放在同样的柜台里，有的营销员几天就卖出去了，有的营销员几个月都卖不动；有的营销员把翡翠真正当珠宝卖，有的营销员把珠宝当大路货兜售；有的营销员介绍翡翠讲文化，有的营销员卖翡翠仅仅是卖石头；有的营销员看绺裂能看出好花一枝，有的营销员看绺裂仅仅是条"裂痕"；有的营销员卖翡翠卖附加值，有的营销员连起码的定额都卖不够；有的营销员能将顾客的消费观念变为投资观念，有的营销员连顾客的需求都不会利用；有的营销员能将推销观念转变为服务观念，有的营销员连服务为何物都不知道。其实，营销员自己也清楚：一个月下来，别人拿多少钱，自己拿多少钱，口袋里装着活生生的差距。而不能原谅的是，有的营销员不从自身查原因，不从自身素质找差距，而是去责怪"顾客太奸了"，来一个自慰自怜。说死莲花是只藕——掏顾客的钱。营销员应该给自己提一个响亮的岗位口号：成交凌驾一切，是骡，是马？到顾客面前遛遛。

三、顾客佩戴的指导者

很多顾客喜欢珠宝，但并不懂得自己的身材、手型、脸型、肤色、服装、职业、身份适合戴什么翡翠款式、什么色调，也不知道戴上后能使自己增添何种光彩，增加什么文化品味。很多顾客总是挑来拣去，犹豫不决。面对这种情况，营销员应该为顾客提出指导性的建议。建议应尽量具有专业水准，使顾客心悦诚服。那种肚无点墨，口无词儿的营销员，尾随着客人，从柜头挑到柜尾，从普柜挑到精柜，讲不出翡翠文化，说不出玉石内涵，专业术语一片空白，只会讲"是真的"、"不会假"、"好看哩"、"合适哩"、"要得哩"、"不错哩"、往往看着顾客离去，错失商机，干着急。根本原因，就是他们不懂得指导顾客，也指导不了顾客。

四、翡翠知识的传播者

由于历史的原因，翡翠开发较晚，翡翠研究较迟，翡翠知识普及面很窄，加上近年翡翠商道水深道险，制假手段层出不穷，真假货品五花八门，大量仿冒品陈杂其间。不懂不敢买，即使懂了而不会欣赏，也不想买。这是制约翡翠消费的原因之一。因此，宣传和普及翡翠知识，是商家也是翡翠营销员义不容辞的任务。营销员站在柜台一线，获取的商品信息多，直接与消费者打交道，最有机会向消费者宣传翡翠珠宝知识。再说，恰当地介绍翡翠知识，本身就是一种促进成交的方法。

根据多年的销售实践，消费者急切需要了解的，都是一些有关翡翠的基础知识，诸如翡翠的特点，翡翠与玉的关联，翡翠文化，翡翠的真假鉴别，翡翠的质量区分，翡翠的保养与保健，翡翠的投资与收藏，翡翠的财产保值等。这些，本书都已为大家做了准备。营销员只要按不同场景、不同顾客、不同气氛，灵活地加以应用就行了。

营销员角色意识，来自于职业信心；职业信心，来自于社会经济的好转和顾客对翡翠的消费。中国正在向小康社会迈进，国民收入不断增加，人民生活不断提高。毫无疑问，消费者未来的消费倾向，一定会不断向更高层次的翡翠饰品倾斜。从事附着精神文化的翡翠经营的营销员，未来的收入一定是高的。这种预测，可以从社会统计学得到证实。1858年，德国统计学家恩格尔，发现了一个有趣的统计现象：当居民家庭收入减少时，用于食品的费用支出就增大；反之，当家庭收入增加时，用于食品的费用支出就下降。恩格尔由此得出一个为后人所证实的定律：收入中用于食品部分的数量，可以作为该类居民生活质量和福利水平的标志。由此定律，我们不难推断出：消费者的收入越增加，翡翠市场的销售前景越好。这对提高营销员职业信心，具有现实的指导意义。

营销员
理财理念

第三章

YINGXIAOYUAN LICAI LINIAN

翡翠经营过程，就是与经济打交道的理财过程。公司费用除大宗投入的设施、货品、工资和广告之外，还有服装、灯光、洁具、包装、接待、办公用品等等，所有的经营运作，都直接涉及经济开支。少花钱，多办事，节约的钱都是利润。这是微利时代的企业生存与发展之道，也是营销员应有的工作态度。一个优秀的营销员，一定会替老板考虑，为公司节约，把节约当成自己的责任，最大限度地为企业节约每一分钱。下面分述三个理由：

一、节约联系着成功

成功与节俭相联系，衰败与奢侈相伴随。"成由勤俭败由奢"是中国的古训，是历朝历代育人、齐家、治国的理财理念。越是大名鼎鼎的公司，在经费上越"抠门"。世界首富比尔·盖茨，为了2美元的停车费，与停车场的管理员吵得面红耳赤。比尔·盖茨所争的是保证事业永不衰败的理财理念。节省开支、杜绝浪费，是赢的选择。钱财和物品，不是免费资源，它是财富再创造的成本。营销员要自觉地把节俭作为工作准则，让勤俭节约的传统美德成为自己的实际行动。养成节约一张纸、一支笔、一滴水、一粒粮、一颗针、一根线的良好习惯。

二、节约是微利的必然

激烈的商业竞争，必然导致所有企业都将迎来或已经迎来微利的时代。从某种意义而言，微利时代的到来是一种必然。关注细节小事，从点滴处节约，精打细算、节约开支，是许多知名企业经营管理的重要组成部分。公司经营活动是由许多小事组合而成的，成本也是由很多小事情聚积而来的。有人问年销售额600多亿美元雀巢领导人，"为什么从那么远飞来，不坐头等舱？"这位领导人回答："既然头等舱和普通舱同时落地，为什么要花两倍的钱？"不管多大的公司，只有节约成本，才能实现企业利润的健康增长。营销员要从细节着手，从点滴做起，从细微之处见利润。降低成本就是在增加利润。只有在成本上严格把关，才能够赢得最大的利润。营销员应该牢记：企业的利润和员工的利益就在节省下来的成本里面。从最小处树立自己的成本意识，把节约一分钱当做多挣一分钱看待。

三、把节俭变为习惯

有人把节俭和吝啬连在一起，其实，这是一个很大的误解。世界很多著名的大公司，都下工夫抓节约。比如对于纸张的管理，就有严格的"三盒"制规定：一盒装新纸，一盒装用过一面的纸，另一盒装两面都用过的纸。正规文件打印用新纸，草拟文稿用旧纸，两面用过才能进行回收。凡

是老板都欢迎为企业节约的人，营销员要想得到老板的信赖和重用，就要处处为企业的利益着想，为企业省钱。有的员工存在这样一个认识误区：钱是企业的，或者是老板的，不花白不花，节约下来又不是我的，何必为企业节约呢？在他们的意识中，即使浪费了，也是企业的资源，和自己没有关系。对于节约，总是抱着一种无所谓的态度。平时在工作中也总是大手大脚，能多花就不少花，随意地浪费各种办公用品或包装材料，严重损害了企业的利益；有的人甚至损公肥私，这都是企业所不允许的。如果营销员有这种毛病，一定不会得到老板的重用，也一定在公司呆不下去。

翡翠美，与美打交道的营销员更应该美，首先是仪表、仪容、仪态要美。仪表、仪容、仪态与个人的文化素质、生活情调、道德品质、修养程度有密切的联系。它是一种购物的软环境，好的软环境，能对顾客产生亲和力、感染力和吸引力，是翡翠得以销售的必要条件之一。

一、仪 表

仪表主要指人的外表，包括容貌、姿态、风度、衣饰等，我们销售的是翡翠，翡翠是一种高贵的佩戴饰品，所以，对营销员仪表要求有别于其他产品的营销员。首先，营销员的服饰应该保持协调一致，谓之"形象工程"。

服装是一种社会符号，讲求和谐的整体效果，统一得体的制服，可以烘托出商场的个性与整个团队的魅力。得体的穿着，会增加顾客对商品的信任。在统一服装的同时，佩戴适当的饰品，如发针、发带、胸花、挂件、手镯等。这些饰品的选戴，应尽量与本店所售商品相联系，以便在接待顾客的时候，可与顾客展示交流，现身说法，引导消费。

二、仪 容

仪容是一个人的外观、外貌，仪容会引起顾客的关注和评价，顾客喜欢精神饱满、开朗乐观、面带笑容的仪容。

1. 化 妆

女营销员应该化淡雅之妆，既能增加自信心，又能给顾客神清气爽的视觉感受。切忌浓妆艳抹及不恰当的首饰佩戴，不好的化妆和佩戴，会破坏商店的协调气氛，给人不好的视觉感受。化妆要注意：避短藏拙、真实自然、浓度适宜、整体协调。不要在他人面前化妆，不要评论他人的化妆，不要使妆面出现残缺，不要使化妆妨碍他人，不要借用他人的化妆品。

2. 发 型

女人的美，有一半在头发上，"头上青丝如墨染"。发型不仅要符合大方、美观、整洁和方便的原则，还要和自己头发的发质、体形、脸型、气质、服装等协调起来，才能产生整体美的效果。营销员的发型要明快舒展、清新高雅，不留怪发。

3. 嘴部和手部

营销员靠嘴讲话，顾客必然会注意到嘴部。所以，在上岗之前，应该养成照镜子的习惯。齿缝不留残渣，口臭应含口香糖，女营销员应上口红。珠宝营销员的手要保持清洁，不留长指甲。

4. 体 味

因为营销员与顾客是近距离接触，所以要保持清洁干净的习惯，勤洗手、勤洗澡、勤换衣服。如果不注意个人卫生，就会有汗臭、体臭等体味，就会使顾客产生逃离货柜的想法。女营销员可以适当喷洒一点香水，但不要过于浓烈。

营销员的举止应该协调、稳健、自如和敏捷。

行姿："行如风"，起步时，上身略微前倾，重心落在前脚掌上；前行时，双肩平稳，面带微笑，步幅优美，步速适当。

站立：既能表现营销员的一种静态美，又不至于导致营销员站立时的疲劳。站立要求是：头正、肩平、躯挺、腿并、手垂。不要斜歪身子倚靠柜台，不要双臂拥胸，或双手插兜等。

动作：取货、展示、包装等动作应该准确敏捷。拖拉和漫不经心会使顾客认为你对他不耐烦。

微笑：营销员只要一开始与顾客接触，脸上就应该有易于近人的微笑。微笑有巨大的作用，它能在瞬间消除顾客陌生的心理障碍。

营销员要保持乐观、愉快的情绪，以充沛精力、饱满的热情接待顾客。如果营销员遇到悲哀、忧愁、烦躁等事，在上岗前都应该设法克服和化解，调整好自己的情绪再去工作。

三、营业前准备

按公司规定提前到场，打扫卫生，把营业场地的通道、货架、柜台等打扫干净，摆放整齐。检查货品、标签，是否有缺失疏漏。

营销员需满腔热情地投入工作中，遵照营业守则：认真负责、积极主动；顾客为尊、服务周到；团结同事、先外后内；忙闲有序、忙中不乱。

四、营业结束

营业结束前，如还有顾客挑选货品，营销员要热情、细致、耐心接待，千万不能因下班而有"腻客"现象发生。待客人走后，清点好货品，锁柜关窗，与值班人交代好安全防范，方得离开。

营销员
商机把握

第五章

YINGXIAOYUAN SHANGJI BAWO

把握商机，核心是把握顾客，把握顾客，需从了解顾客开始。

一、顾客基本类型

1. 闲逛欣赏型

此类顾客，购买意图不很明显，他们一般是闲逛，浏览，偶尔询问。这类顾客，有潜在消费可能。不管买与不买，营销员都应该热情接待，给他们留下好的印象。

2. 即时购买型

此类顾客，一般是随团进店的。由于时间有限，他们会在短时间内，做出买或不买的决定，有冲动购买的潜在消费。接待此类顾客，营销员应机敏灵活、仔细观察、主动搭话、抓机推销。

3. 目标明确型

此类顾客，在进店之前，已有所打算，对购买的种类、款式、品质、价格初步有了决定。因此，只要达到他的期望值，就能迅速成交。接待好此类顾客，他们还会再带新的顾客进店。

二、顾客心理分类

1. 理智型

理智型顾客，一般懂珠宝翡翠，他们凭知识挑选，在整个购买过程中比较冷静。营销员应在知识和行情上与之交谈。

2. 冲动型

冲动型顾客，其喜恶、表情，都易外露，他们往往不懂翡翠，购买时容易受营销员诱导。

3. 经济型

经济型顾客，多以价格为主要决定条件，丝毫不让地与你进行讨价还价。营销员要在翡翠的品质方面与之周旋。

4. 疑虑型

这类顾客，对翡翠一般是一知半解，挑选小心翼翼，疑虑不断，多有担心，即使当时成交了，过后还有退货的可能。

三、进店散客团队

散客主要是当地人，还有出差、探亲的外地人。由于时间充裕，他们挑选、比较都很仔细，有的近似于挑剔。但是，经验告诉我们，越是挑剔的顾客，越有可能购买，有的还会购买高档精品，正如俗话所说"嫌货才是买货人"。只要货品、价格、服务满意，他们一般都会与你成交。营销员应耐心接待。

随团顾客的显著特点是：要么留个旅游纪念，要么别人买我也跟着买，属从众心理，心理变化快，容易受外在因素影响。营销员要细心观察、揣摩诱因、把握动机、促进成交。

四、营销员的六个着力点

1. 注视注意

营销员要集中精力，注视顾客进店的神情，顾客对货品浏览关注的表情，当发现顾客感兴趣时，就要主动询问。

2. 帮助联想

当顾客对某件货品感兴趣时，营销员要帮助联想说："如果姑娘皮肤白皙，这种贵妃镯戴起来一定漂亮。"针对顾客的文化、气质、性格等，营销员还要给予其他帮助。

3. 启发欲望

在顾客对联想产生兴趣时，营销员就要由顾客的喜欢，帮助他产生一种占有的欲望。

4. 增强信任

营销员热情周到的服务，给顾客留下了好的印象，不时会推心置腹地流露出一些信息，营销员要抓住这个时机，进一步增强顾客对自己的信任，使顾客完全解除顾虑。

5. 促使决定

顾客经过比较，包括价格、品质、服务等等的比较，会对购买有个较为明朗的态度。营销员就要从顾客将得到的好处、价值等方面，进一步说服顾客，促进成交。

6. 等待反馈

由于市场大、竞争激烈、消费者购买以后，还可能会出现被人撮合另易他店商品而来退货的情况。营销员要做一段时间的思想反馈等待。有经验的营销员会在销售时，尽量要做好工作，打牢顾客对商品始终不二的思想基础，以防止"第三者"插足。

营销员
接待技巧

不愿主动与陌生人接触，这是一般常人的心态。然而，营销员的职业要求，必须一反常态，积极、热情、主动地与陌生顾客接触。顾客一旦进店，不管男女老少，不论其动机如何，不管买与不买，必与之交往的前提就自然要求营销员愉快地出场了。

营销员给顾客的第一印象应是：端庄大方、神清气爽、满腔热情、诚恳实在。从第一声打招呼开始，慢慢亲近顾客，营造好全程气氛。

一、运用体态语进行交流

（1）当顾客与营销员的眼神相碰撞时，营销员应主动热情，点头示意。

"您好"、"欢迎光临"。

（2）当顾客在浏览货品过程中停下脚步，左顾右盼好像在寻找注视某件货品时，营销员要礼貌周到、热情爽朗地询问："您需要哪一件？"

（3）当顾客主动提问时，这说明他对首饰已经感兴趣了。营销员应该紧扣顾客的提问，自然大方，热情介绍。

（4）当顾客融洽地与你进行交流时，营销员要开诚布公、坦荡无私地与之沟通，必要时，可与之寒暄几句。

在接待中，还可适时运用体态语进行交流。体态语有直观性、伴随性和民族性特点。如运用得好，会更有利于商品销售。

二、目光语和微笑语的运用

1. 目光语

人们通过眼神、目光来传达信息，表露情感。眼睛是心灵的窗口，不同的目光，反映不同的信息。明澈、坦荡和执著的目光，是人开朗、正直和无私的表现。用这种眼神和目光接待顾客，可以很快拉近彼此的距离，容易获得顾客的信任。紧锁的眉头，冷淡的目光，似乎是在拒客于千里之外。最好的目光是喜出望外时送出的目光，它喜切动人，能把好感直接传到客人心底，较易获得客人信赖。营销员的目光切忌：空目无神、麻木呆滞、游移不定。

目光分三种注视：

近亲注视：视线停留在顾客的双眼和胸部之间的三角部位；

远亲注视：视线停留在顾客的双眼与腹部之间的三角部位；

社交注视：视线停留在顾客的双眼与嘴部的小三角部位。

营销员适宜采用社交注视。

注视时间的长短，反映兴趣的大小。在一般情况下，视线接触顾客面部的时间，占全部谈话时间的30%～60%。过分超时，常有失礼之嫌。

2. 微笑语

俗话说，"伸手不打笑脸人"。微笑可以使强者变得温柔，使弱者变得坚强，使困难变得容易。温馨的微笑，就像在人的心灵上洒下一片阳光。微笑是人际交往中的润滑剂，是人类最好的交流语，语言亲切，面似桃花，心心相印。微笑是沟通感情的兴奋剂，是彼此交流首发的一张名片，可以打破僵局，可以解除武装，可以作为生人接触的一份厚重的见面礼。微笑不仅使人感到他外表灿烂，而且使人觉得他内心格外甜美。微笑是一种无形资产，它蕴藏着商机。营销员应该把笑意写在脸上，从与顾客接触开始到销售结束，随时保持微笑服务。发自内心的微笑，应是口到、眼到、心到、意到、神到和情到的自然流露。营销员切忌"铁板脸"、"苦瓜脸"和"丧嘴脸"。

三、不同阶段的规范用语

（1）迎接时，目光友好，"您好，欢迎光临"。

（2）接待时，如遇两个顾客同时挑选，营销员对不能及时接待的顾客，应致歉意："对不起，请稍等"。接待了一会儿，还要再致歉意："对不起，让您久等了"。营销员在给顾客带来麻烦时应说："对不起，给您带来麻烦了"。当顾客向你致谢时，营销员应说："这是我应该做的"。

（3）挑饰品时，当顾客挑选很多件，仍不满意时，营销员应说："如果您看不中，我再帮您挑选一下"，挑选后仍看不中时，营销员应说："这次很抱歉，希望您过两天再来看看"，营销员接受顾客吩咐时应说："明白了，请放心"。遇下班时，营销员应说："请别着急，慢慢挑"。顾客决定

购买时，营销员应说："您真有眼光"。

（4）交货时，营销员应说："请拿好"。

（5）告别时，营销员应说："请慢走，欢迎您再来"。

（6）换货时，营销员在检查完货品是否为本商店所售出的货品，是否完好无损，单据是否齐全后应说："对不起，又让您跑一趟"。

（7）当顾客对商店服务工作提出批评时，营销员应态度诚恳地说："请您多多包涵"。

除阶段用语外，营销员在向顾客推荐货品时使用的语言也很重要，营销员说话，要亲切、诚恳、准确、鲜明、生动。语调要不高不低，语速要不快不慢；话既不能少，也不能太多；讲话既要通俗易懂，又要带有专业性；既要讲到顾客心里，又要避免强人所难；用语要雅而不俗，浅而不粗。

四、营销员要讲求用语艺术

1. 少用模糊词语
"可能"、"或许"、"大概"、"差不多"，会引发顾客怀疑，动摇顾客购买决心。

2. 少用否定句式
当顾客问："你们有大圈口手镯吗？"如果营销员回答"没有，我们不卖这种手镯。"这种回答至少会给顾客三点不好的印象：一是顿遭拒绝；二是自讨没趣；三是这店也不怎么样。

3. 少下判断
顾客选好货品征求意见时，营销员应该说："我想，这件好，您觉得呢？"然后让顾客自己说："我决定买这件。"这种情形容易让顾客产生"我选的"满足感。

4. 使用尊重语气
"您很适合戴这只手镯"，语气既粗，又不尊重，如改为"很合适您，不是吗？"语气把顾客作为中心，既肯定了，又还要再次征询对方意见，尊重、谦逊溢于言表。

5. 多用赞美语

营销员在顾客选中好的货品时，要赞美："您的艺术欣赏水平很高"。

五、营销员对顾客说话要有六性

1. 真诚性

心怀诚意，是营销员与顾客讲话的前提。推心置腹，以诚相见，才会使气氛融洽。诚意是打开顾客心灵的钥匙。

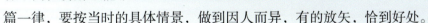

2. 针对性

货品不同，顾客不同，讲解不能千篇一律，要按当时的具体情景，做到因人而异，有的放矢，恰到好处。

3. 客观性

说话要按照饰品的本来面目，实事求是，恰如其分，不要文过饰非，不要夸大其词，不要为了单纯地追求成交而任意地添枝加叶，不要不着边际地胡乱吹嘘商品的优点。

4. 逻辑性

营销员的语言应具有逻辑性，讲话应该条理清楚、层次分明、重点突出，不要语无伦次、东拉西扯。

5. 知识性

营销员的语言必须具备知识性，翡翠专业知识是帮助顾客认识和了解翡翠的基础，专业性语言能够增加顾客对营销员的信任。

6. 形象性

营销员的说话，要尽量形象、具体、生动，让顾客通过营销员的介绍，很快了解翡翠珠宝的具体特性。

对熟悉的或性格开朗的顾客，营销员不妨与之寒暄一番，俗话说，"生

意从寒暄开始"，得体的寒暄，会使气氛变得更为融洽，更有利于促进成交。经常使用的寒暄语是：

初次见面说"久仰"，分别重逢说"久违"。

征求意见说"请教"，求人帮忙说"劳驾"。

麻烦别人说"打扰"，向人祝贺说"恭喜。"

求人解答说"请问"，请人指点说"赐教"。

托人办事说"拜托"，赞人见解用"高见"。

看望别人用"拜访"，宾客来至用"光临"。

送客出门用"慢走"，与客道别说"再来"。

陪伴朋友用"奉陪"，中途先走说"失陪"。

等候客人用"恭候"，请人勿送叫"留步"。

欢迎购买叫"光顾"，归还原主叫"奉还"。

自称礼轻叫"薄礼"，老人年龄叫"高寿"。

自己家庭叫"寒舍"，对方家庭叫"府上"。

问到姓氏叫"贵姓"，问到姓名叫"大名"。

对方妻子称"夫人"，对方父亲叫"令尊"。

在销售过程中，营销员禁止使用下列语言：

"要什么？"

"到底要不要？"

"挑这么久，都该差不多了，想买不想买？"

"有比这好的，就是价格比这贵。"

"嫌贵，别家去走走。"

"没有。"

"卖完了。"

"你刚买，怎么又要换？"

"你自己挑的，还有哪点不好？"

"不是我卖的，你找卖给你的服务员。"

"我解决不了，你去找经理。"

"不可能出现这样的问题，肯定不是我们的原因。"

"这个价位，当然就是这个质量了。"

还有，营销员在同一些特殊顾客说话时，还需注意回避：

为脸长的顾客挑项链，不能说"太长了"，应说："选择短一些的，会更加合适你戴"。

对老年人，不能说"瘦了"、"老了"，要说"老当益壮"、"身子骨硬朗"、"实在是您的福气"。

对发胖的姑娘或少妇，不能说"胖"，要说"丰满"。

对高个男人，不能说"太高了"，要说"魁梧"、"挺拔"。

对瘦弱的小伙，不能说"瘦"、"矮"，要说"结实"、"机灵"。

语言是客观事物在口中的表达形式，营销员要做到语言表达准确，必须对顾客进行细致地观察：

观察仪表。顾客衣着怎样？流行的还是过时的？豪华的还是朴素的？佩戴饰物档次如何？妆扮讲究还是随便？与其同行者是什么关系？会对他（她）产生什么样影响？

观察动作。顾客的动作是否很快？走路、拿东西是否很急？说话的语速是否很快？说话的口气是否很大？本地人还是外地人？性格外露还是内敛？顾客看货认真还是随便？顾客询问急切还是舒缓？

观察表情。顾客的心情如何？高兴还是怄气？微笑还是丧脸？对哪种货品感兴趣？听介绍是精神集中还是心不在焉？

根据观察情况，分一分顾客类型，估计其购买的可能性，试探性地对顾客进行询问，例如：当顾客在手镯柜前停留时，营销员可询问："喜欢翡翠

手镯吗？喜欢哪种款式？"顾客可能回答："我先看看。"这说明顾客还只停留在观察阶段，营销员可回答："请慢慢看，需要时叫我。"顾客可能回答："我想看水色稍好一点的。"这说明顾客的购买已经开始了，营销员就要抓住机会，劝说其购买，并随即进行商品展示，在展示中，把顾客购买此件手镯将得到的利益充分说明，以尽快促进成交。

六、营销员要正确处理好四对矛盾

1. 热情服务与顾客冷淡的矛盾

营销员满脸微笑地迎接顾客，不厌其烦地热情讲解，然而顾客的反应冷漠、傲慢甚至回避。遇到这种情况，营销员应调整好自己的情绪，在包容和理解顾客的同时，思考和检查一下自己的热情服务，在分寸的掌握上是否得当，自己的讲解是否适合时机。我们正从计划经济转向市场经济，过去顾客在商店里最渴望得到的，也是商店最缺乏的是主动热情；而今天，过分的主动热情，难免会一时适应不了顾客进店的浏览习惯。揣摩和掌握好热情服务的"火候"，是营销员的一门学问。营销员要在实践中，不断地提高自己的服务水平。

2. 周到服务与生意不成的矛盾

营销员很周到地接待顾客，顾客也反复地进行了试戴，但最终还是不能成交。面对这种情况，营销员会感到恼火，情绪有些沮丧，顾客也会迅速地离开柜台。这时，营销员要调整自己的心态，想到翡翠是一种高档商品，顾客花很多钱购买商品，应该多看看、多试试、反复比较、仔细掂量，这是顾客学习和体验翡翠的一个过程。这个过程不在此店进行，也会在别的商店进行。此次服务，至少会让顾客实际感受到我的服务是诚恳的，公司的接待是周到的。"买卖不成情义在"，这也是顾客花了时间，给了我的一次锻炼。再说，受到接待的顾客，在其对别的商店的商品和服务进行比较之后，很可能还会再次返回本店来购买。

3. 反复挑选与尽快成交的矛盾

营销员花很长时间，放弃了接待另外客人的机会，而所接待的顾客，反复进行了挑选，可就是决定不下来，最后不了了之。这时，营销员要想得开，来店顾客的情况各有不同，不是每次每位顾客都能迅速成交。要多理解顾客希望买最好的、最满意的翡翠的心情，多体谅他们赚钱消费的不容易。顾客反复挑选是正常的，不购买也是他们的一种正当权利。自始至终对他们表示出一种应有的尊重和热情。如果顾客连商品看都懒得看，成交也就根本失去了希望。希望快速成交，这是营销员的美好愿望，但买卖不是一相情愿的事情。事实上，大多数顾客对营销员的劳动付出，也是心怀感激之情的，他们在行将离开柜台时，都会表示出歉意："不好意思，麻烦你这么长时间了。"有的还会请营销员留下联系电话。

4. 期望值很高与购买很少的矛盾

营销员殷勤周到地接待顾客，真心实意地服侍"财神爷"，往往期望顾客不仅能购买，而且能开大单，以求得到更多的回报。最后的结果，顾客买的是少量的低

档商品。这时，营销员可能会出现两种不同的表现：一种是始终热情接待，买卖不成情义在，高高兴兴送走客人；另一种是顿时表现出不耐烦的样子，有的还会对顾客流露出鄙夷不屑的神情。前一种做法是对的，应该坚持；后一种做法是错的，应该摒弃，因为它将严重损害企业形象，也将损害营销员自身的利益。营销员要充分认识商业服务中"急功近利"做法的危害性，它会导致顾客纷纷离去。在商店里，不管买多买少，买与不买，都是顾客，都应同样受到尊重，怠慢了买

低价位的一个顾客，有可能怠慢一大群顾客，其中包括买高价位的顾客。

翡翠是美丽的，但丑恶离它也最近。接待中要注意商品安全。顾客要求看商品时，不要把商品和盘托出交由顾客任意挑选，一般一次只拿一件商品；顾客试戴时，营销员的视线不要离开商品；顾客要求拿另一件商品作比较时，营销员应亲自操作，不应将两件商品留在顾客手中；顾客要求到店外自然光下看货，营销员应跟同前往。谨防不轨之人混迹其间。笔者曾亲自遇见过，被营销员当场抓着现形的西装革履的窃宝人。这虽是个别，但说明安全不能掉以轻心。柜台商品的保管，是接待、销售工作的一个重要部分，安全工作的好坏，直接关系顾客的满意程度，直接关系企业和员工的经济利益。

营销员主要靠语言与顾客沟通交流，语言表达直接影响企业形象、企业效益和营销员的收入。"话到钱来"，首先要有话，怎么说话，这就有技巧在里边。有的说得人笑，有的说得人跳，不同的说法，有不同的效果。用话激发顾客购买，这就形成了讲解。营销员的讲解，首先是要表达对顾客的一份尊重，一份关怀，一份情意，一份文化，一份信息，一份期待。

讲解要有针对性，要讲顾客最需要、最爱听、最听得进去，对企业有利、对本身有益的东西。"话不投机半句多"，顾客给了你"机"，你要准确地"投"，既要有灌篮高手的必胜信念，又要有评书演员的娓娓动听，还要有自己爱心对顾客的体贴入微。投准了，钱才会来。

1. 针对顾客需要讲解

在与顾客短暂的接触中，营销员应该把握顾客的需要，有侧重地"投其所好"。例如：顾客："我想买只手镯，但这价格太贵了。"营销员："是的，你说得对，这价格不低。一分钱，一分货，它的质量就非常好了。像这样的品质，不仅佩戴显得高雅，而且可以用作投资保值"。这种讲解，既顺顾客心意，尊重顾客，又坚持了珠宝高贵品质，货真价实。

2. 兼顾顾客个性讲解

顾客的年龄有大小，性别有不同，性格有差别，文化有高低，兴趣有偏重，审美有雅俗，经济有好坏。营销员要针对顾客个性，讲解其最感兴趣的翡翠话题。千篇一律，老少一句，是讲解的大忌。

3. 交谈式讲解

营销员围绕成交主题，可就顾客感兴趣的话题，与之进行交谈。交谈中，要尽量让顾客透露他的购买意图，以便及时引导。还要随时注意顾客的情绪变化，哪怕顾客微露一丝不耐烦，就要立即打住，或者请顾客讲。营销员在表述中，间隔一般不要太长，要尽量避免"不知道"、"嗯"、"大概"、"差不多"、"可能"等口头禅。否则，会让顾客认为你有素质不高之嫌，以人迁物，对你所售的货物也会产生怀疑。

4. 试戴赞美讲解

顾客怕试戴弄坏，或怕弄脏，不敢戴的，营销员要打消他的顾虑，教他方法，帮他戴上。恰如其分地对顾客进行赞美。赞美要从翡翠提高气质，饰品伴靓人生方面说，不能只说"好看"、"要得"、"合适"、"可以"、"还行"的简单词儿。讲不到翡翠点上，提升不到珠宝档次，顾客会减弱对商品的信任。

5. 顾问式讲解

顾客无论是自己买，还是帮别人购买，有时候，总会因这样那样原因，而一时下不了决心。这时，营销员要将心比心，换一个角度，站在顾客的立场上，耐心细致，仔细询问，想顾客之所想，当顾客的顾问。即使不成交，也要给顾客留下服务上乘的美好印象，以后想买，一定会把你的服务当做他的首选。

6. 从低到高讲解

有的顾客，初次接触翡翠，对这种高档商品缺乏了解，看的多，问的少，买的更少。营销员怎样提高成交率？应该采取从低档向高档，逐步过渡的方法，对顾客耐心细致地进行讲解。让顾客明白"一分钱一分货"，翡翠不是一般普通商品的道理，然后再给他讲翡翠是硬通货、是家当、是钱财的一种储备。佩戴翡翠，不但不会贬值，而且有很大的升值空间。即使此次不成交，以后他定会首选你的商品消费，这叫功夫不负苦心人。

7. 建议购买讲解

当顾客处于买与不买的权衡之时，营销员要坚信自己所售的商品，会给顾客带来好处，及时采用建议购买的方法，让顾客买下。刚参加工作的营销员对建议购买，有时显得勉强和不好意思，这是自信心不足的表现。营销员在提高自信心的同时，要多多研习商品文化，把翡翠的美，讲深讲透，让顾客感到所购货品，无愧于所付出的金钱。

8. 先贬后褒讲解

完美的翡翠极少，即使优点和缺点同时存在，优点也是主要的。营销员要把握住主要的，实事求是地把存在的瑕疵告诉顾客，以取得消费者的信任。在讲解时，要按照先缺点后优点的顺序进行。如："这只手镯，虽有一点瑕疵，但水头和颜色都不错。"给人的感觉重点是手镯的透明度和色彩都很好，这叫"避轻就重"。如果调过来，"这只手镯，虽水头和颜色不错，但有一点瑕疵。"给人的感觉，似乎瑕疵太重，不是细微的一点点，而是粗实的一大团儿，这叫"避重就轻"。同一件翡翠的优点和缺点，在不同的人的眼中，有不同的看法。营销员应该站在专业的水平线上，以先贬后褒的方法，对顾客进行比较有效的讲解。

9. 即兴发挥讲解

对消费者来说，最感兴趣的是，面前的货好在哪里，有什么用处？直接利益是些什么？即兴回答使他满意，销售也就成功了。例如：有一次，上海一位客人，来昆明旅游购物，恰遇笔者在场，他将手镯交与看时，本持可买可不买的态度，笔者观察后说：此镯，颜色形状比较特殊：似梯田，一层一层；似秧禾，生机勃勃；似雨水，洒洒落落。玉有缘分，这就叫做：

> 梯田壮秧遇肥雨，
>
> 牛郎盼望丰收节。
>
> 一生留下未了事，
>
> 就选此镯送织女。

顾客是一年轻男子，正找女朋友，听后，窃喜，含笑掏钱买下，还一再恳请我，要一字不漏地帮他写下刚才所说的话语。翡翠那么美，只要倾心注意，总会找得到你要讲解的好处。讲解要实事求是，恰到好处，不要夸张，不要言过其实。翡翠可以把玩，但绝对不是随心所欲的任人摆布的玩物，她不是像小姑娘一样，你想怎么打扮就怎么打扮。

10. 对比叙述讲解

当顾客对货品发生疑问尚不确定购买时，营销员可采用对比叙述方法讲解，阐明货品的特性和用途。例如：顾客："这翡翠是A货吗？"营销员："是A货。"如果换一种叙述方式：顾客："这翡翠是A货吗？"营销员："这当然是A货了，你看'翠性'强，光泽亮丽，声音清脆（轻敲）；B货没有'翠性'，光泽度弱，声音沉闷。"前者，营销员的回答虽然正确，但过于简单，不足以说服顾客；后者，营销员采用对比叙述，从多方面阐述了A货和B货的区别，理由充分，说理具体，让顾客感到确实是真货。在营销

员的启发诱导之下，顾客会心悦诚服地买下。

11. 发问讲解

营销员在向顾客发问时，要学会设计问题，尽量避免让顾客在"是"与"不是"，"买"与"不买"之间选择答案。营销员提问应当让顾客感到不是要不要买的问题，而是从中买哪一件的问题。例如：第一种问：营销

员："你买手镯吗？"顾客："不买，看看。"营销员不再说话，顾客看完走开。第二种问：营销员："你喜欢手镯吗？喜欢圆镯还是扁镯？"顾客："我不知道哪种好。"营销员："你可以试戴一下（试），扁镯漂亮，是新款式。"顾客开始比较和挑选。第一种问法，营销员强调了"买"与"不买"，顾客回答"不买"时，营销员不能用其他话语留住顾客，对话自然结束。第二种问法，营销员用"喜欢"代替了"买"，同时提出"圆镯"、"扁镯"两种货供顾客选择，无形之中，让顾客从"买"与"不买"的思考中走了出来，转向联想，想象自己是戴圆镯好，还是戴扁镯好。在选择性提问中，调动了顾客对自身需求的确认，从更深一个层次，引发了顾客的购买欲望。

12. 强调顾客利益讲解

顾客购买商品，不仅考虑价格，而且还会考虑获得某种利益。因此，营销员讲解时，要有意地淡化价格，突出顾客利益。例如：顾客："这手镯还可以，就是色少了一点，还有色多一点的吗？"营销员："有，就是要贵一点。"营销员强调了"贵"。可能给顾客的印象是：贵，不一定买得起；有些小看自己。如果换一种讲法：顾客："这手镯还可以，就是色少了一点，还有色多一点的吗？"营销员："有，请稍等，我拿给您看。"顾客（看）："多少钱？"营销员："色多，比那只更好得多了，您还是在行的嘛。价钱是……"顾客："就是贵了点。"营销员："这只您戴上，气质更好、高雅、漂亮。家里人和单位的同事保证夸奖不错。价钱虽然多几文，但很值！"营销员在夸奖顾客的同时，把顾客的思想引导到受人赞誉和利益很

值上面，淡化了价格，强调了品质。比第一种讲解容易成交，而且是价位更高的成交。

13. 针对客贬讲解

顾客挑选商品，难免有诸多的吹毛求疵，一是表示自己有眼力；二是为要求降价找借口；三是嫌贵不肯出钱。营销员应换位思考，理解和同情顾客，顺应顾客的口气，以亲切和蔼的态度，有理有据地对顾客讲解货品、价位的合理性，坚持自己商店的信誉立场，以增强顾客的购买信心。

14. 情感共鸣讲解

情感是维系人与人之间关系的纽带，在商品社会中，还是销售过程中的润滑剂，是强化顾客关系不可缺少的"玫瑰"。情感比理性本身更容易赢得消费者的"芳心"。只有与消费者"谈恋爱"，才能让商品产生"情感魔力"。将"情感"作为卖点，翡翠具有这种天然特性。一是货品本身具有情感，二是人应该对它注入情感。两种情感交织建立起来的货品个性，更能满足消费者的物质享受和精神追求，更能激发消费者的消费欲望和购买信心。翡翠是物质与精神的结合物，营销员讲解的空间比任何货品都大，推销的理由比任何货品都多。

营销员
挑选技巧

帮顾客，实际是帮自己，因为顾客是营销员薪水的来源。要帮到顾客的心坎上，让顾客心满意足，营销员就需要讲求挑选技巧。

一、挑选翡翠要掌握三个原则

1. 量力性原则

翡翠是一种高档消费品，低到百十元，高到上百万上千万元，价位高低的选择，要上下掂量、左右周全，考虑近期、中期、长期效益。在顾客经济能力所能承受的范围之内进行挑选，既不要急功近利，又不要贪大求全，要量力而行。

2. 身份性原则

翡翠是一种高档装饰品，地位不同、职业不同、身份不同、年龄不同、需要不同、目的不同，在翡翠质地、色彩、大小、款式和档次的选择上，应该有所不同。要尽量贴近顾客的实际，尽量适合顾客的身份。一次性投资，恰如其分最好。

3. 长效性原则

翡翠可当硬通货使用，可以用作收藏投资，可以当做家当储存，可以看作财产保值增值。由于翡翠资源的稀缺性和不可再生性，从长远考虑，购买翡翠不但不会贬值，反而还会升值。如果顾客经济条件好，应尽量帮其挑选好品。

二、具体挑选需要注意

1. 手镯

需要注意六点：

（1）整体轮廓要匀称

外形轮廓要一致，不能粗的粗，细的细，影响整体感观的美观性。

（2）条径圈口要协调

一般讲，圈口小，镯的条径相应就要小；圈径大，镯的条径相应就要粗。例如：圈口内径50～55mm，镯的条径应在6～8mm之间；圈口内径56～65mm，镯的条径应以8～10mm为宜；圈口内径70mm以上，镯的条径应在12mm以上。

（3）口径选择要恰当

一般的做法是，将玉镯戴入四个并拢的手指至虎口处，就是基本合适的尺寸了，如果喜欢紧，或者喜欢松，再或增或减1～2mm即可。太紧，不舒服；太松，不安全。

（4）表面抛光要到位

手摸着有滑润感，个别手镯因解理原因，偶尔会有微波纹产生，要尽量避免。

（5）条径厚薄要适中

如挑选扁镯，镯的条径不宜太薄，太薄了，抗击力不够，会影响手镯佩戴的安全性能。

（6）人为伤痕要防止

因为在加工、搬运、摆货、盘点过程中，有时候，不可避免地会有个别损伤的情况发生，要仔细挑选。

选镯歌诀是：

先查裂纹防上痕，

毛病要少看精神。

质量高低价钱定，

戴好戴丑在由人。

有水有色是上等，

尺寸不合戴不成。

如果客人问：手镯坏了如何处理？

如果是较好的手镯，譬如价位在千元以上的，裂损轻微，可继续佩戴；断成两截，可采取金镶玉的办法镶接；断成三截以上，可以改制成挂件之类来使用。如果是一般的普通的百元以下手镯，断了，就作为下次安全佩戴所交付的一点学费，俗语说的"碎碎（岁岁）平安"嘛！

如果客人问手镯颜色有什么说法？

一个色，叫"一尘不染"；

二个色，叫"福寿双全"；

三个色，叫"福禄寿"，"刘关张"；

四个色，叫"福禄寿禧"；

五个色，叫"五福临门"；

六个色，叫"六六大顺"。

七个色，叫"七桥会仙"。

八个色，叫"财路双发"。

九个色，叫"九九归一"。

十个色，叫"十全十美"。

色的品质分为：正色、旺色、俏色、偏色和杂色。

红色：表示热烈、喜庆和吉祥；

白色：表示纯洁、神圣和光明；

绿色：表示生命、青春和希望；

蓝色：表示智慧、庄重和博大；

黄色：表示纯真、高贵和光明；

黑色：表示内敛、刚正和严肃；

2. 手 链

挑选手链要注意：链珠颗粒的大小要一致，珠子的穿孔要在中心点上，每颗珠子的色调要基本一致。

3. 戒 指

挑选戒面要注意：质地要细腻，透明度要好，绿色要饱满、均匀、纯正。不要有绺裂，挑选镶嵌的，要检查做工是否牢固，以防松脱掉落。

4. 耳 环

挑选耳环，要与顾客的脸型、肤色、职业、年龄相协调。

5. 吊 坠

挑选吊坠：要选质地细腻的，不要选质地粗糙的；要选做工圆润浑厚的，不要选过分纤细、带尖带勾的。

6. 观 音

世说"男戴观音女戴佛"，有的地方，女也戴观音。选购观音，不说"挑"，不说"选"，要说"请"。

请观音，注意五点：

（1）像貌要慈祥端庄；

（2）眼睛不要有瑕疵脏点；

（3）面部洁净，不要有水纹裂痕；

（4）打眼周正，不要过于靠边；

（5）孔径适中，不要过于太细。

7. 佛

"大肚能容，容天下难容之事；开口常笑，笑天下可笑之人。"这副对联，精妙地提供了挑选佛的标准：

口要笑，肚要大；

眼睛不要有瑕疵脏点；

面部洁净，不要有水纹裂痕；

打眼周正，不要过于靠边；

孔径适中，不要过于太细，过于太大。

8. 龙凤配

挑选龙凤配，要尽量选择两件差不多的，最好是选择同一块料做的，质量、颜色、做工、大小一致。这样，象征男女平等、比翼齐飞、同心同德、相濡以沫、相亲相爱、相依为命、白头偕老、和睦相处、共担责任、共享幸福。

9. 平安扣

平安扣，寓意平安。要注意细腻、圆润、色正，不要有过多的瑕疵，更不要有损裂。

10. 貔 貅

貔貅的选点在于：

（1）头大肚肥；

（2）相狞貌厉；

（3）驱凶避邪，选择时，尽量在"凶"、"大"、"肥"、"奇"方面着眼。同时注意穿孔，不要太靠近边沿，以防戴不久就损坏脱落。

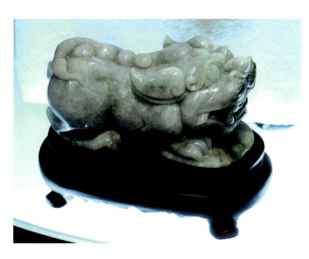

11. 生 肖

生肖的挑选，要注意工艺精细、惟妙惟肖；抛光到位、不要疏漏；穿孔周正、不要歪斜。如果是小孩配戴，价位不宜太高。

替人选购生肖，如果不知道对方属相，只知道对方的出生年份，可用田树谷先生介绍的方法，通过换算，当即就可以确定生肖：

首先，将十二生肖重新排个序号，排列办法是：把原居第9位的猴，拉来作"0号"，排在前面，成为：0猴，1鸡，2狗，3猪，4鼠，5牛，6虎，7兔，8龙，9蛇，10马，11羊。

其次，具体进行计算，方法是：将出生年（公历）÷12，将除不尽的剩下余数去对应生肖的排序，就是你要找的属相生肖了。

举例：1934（出生年）÷12=161余2，对应排序，此人属狗。

12. 摆　件

摆件是特殊的工艺品，设计与加工要尽量做到"量料取材"、"因材施艺"、"尽显玉美"。设计者立意构思时，要依料附型、挖脏避绺、改瑕为瑜、化平为奇、反瑜为绝，将不起眼的料质，变为人见人爱的力作佳品。极品摆件按"一色、二料、三工"进行挑选：

第一，色彩丰富、纯正均匀、色力饱满、不浓不淡、艳润亮丽。

第二，料质优良、质地细腻、瑕疵较少、没有绺裂、个大量重。

第三，雕工精细、设计新颖、因材施艺、比例对称、俏色巧雕。

"无纹不成玉"，"人无完人，玉无完玉"，"十宝九裂"。在挑选翡翠时，一方面要心平气静、认真仔细、一丝不苟、精挑细选；另一方面又不要过分挑剔、吹毛求疵、大惊小怪。因为十全十美的东西总是很少的，即使有，那价格一定是很高的。对一些细小的瑕疵、溶点、石绵、水纹、绺裂，不必过分计较，格外挑剔，由此，反而证明了它的天然性。有些奇特的水纹和瑕疵，会让人无意中看到一种似山、似水、似花、似草、似人、似物的具象，这就因"瑕"而得"瑜"了，只要你拿准，那也是值钱的。

营销员包装技巧

YINGXIAOYUAN BAOZHUANG JIQIAO

第九章

翡翠首饰包装，是销售服务的一个重要环节，是顾客在选定首饰、交清货款后，营销员要做的最后一道工序的服务。做好了这项服务，整个销售工作就圆满地画上句号了。这项服务，也可以视为售后服务的起始发端。珠宝店都要求营销员花工夫，把这项工作做好。

翡翠饰品是一种高档的艺术品，对包装的首饰盒的基本要求是结实、耐用、新颖、典雅和高贵，有一定的档次，能体现翡翠的贵重与华丽。

一、包装的直接作用

1. 保护商品

保证饰品在运输、储存和使用过程中不受损坏，让消费者能够获得完整

无缺的商品。

2. 促进销售

好的包装，具有识别产品的销售功能，容易引起消费者的注意，激发消费者购买欲望，起到广告宣传的作用。

3. 增加利润

精美的包装，能提高商品的档次和身价，受到消费者的欢迎，同样质量、数量的产品可以高出原价，增加企业利润。

二、包装的具体要求

（1）包装要与商品的价值或质量相匹配，包装既不能过分豪华，搞得"金玉其外，败絮其中"，又不能过分粗糙简单，自贬身价。

（2）包装盒的造型要美观大方、形象生动、新颖讲究、色彩协调，能烘托出翡翠的高贵、典雅和稀缺。一件精美的翡翠，如果没有精美的包装来烘托，就会如同一簇缺少绿叶的红花，必然显得单调无味。精美的包装，对翡翠既可以起到画龙点睛的作用，又可以使消费者感到物有所值。

（3）包装既要考虑使用、保管和携带方便，又要能够显示出商品的特点或独特的档次、风格。

（4）包装说明文字要针对消费者心理、突出重点、明确特性。

（5）包装要考虑消费者的风俗习惯和宗教信仰等。

翡翠首饰的包装不同于其他商品的包装，一般商店内都备有包装盒，如无需做礼品包装时，营销员只需将首饰装入事先准备好的包装盒即可。

三、包装的基本技巧

1. 手镯

盒子选择要与手镯质量相匹配，不能好镯用差盒，差镯用好盒；装盒时，要把质量最好的一面朝上；要把凭证点齐配全并告知顾客，要将盒盖系紧，防止松脱损坏。

2. 项链

项链盒有长形、方形两种，包装时应根据项链的长度、体积选择相宜的包装盒。在一般情况下，单串项链可以选择较窄的修长型项链盒，有造型复杂项坠的项链则宜选择相对较大的项链盒，多层的豪华型项链则应选择精致的方形项链盒。装盒时，应先将项链绕在手上，轻轻装入盒内，将项链扣在首饰盒内一端的挂钩处固定，顺势捋直链身，再把项链的另一端别在首饰盒下端另一侧的小别扣上，整体固定好项链。有挂坠的项链要把挂坠正面朝上摆放，多层豪华项链要把每一层摆放整齐，并把花饰摆放在突出位置。

3. 戒　指

戒指盒有圆、方、心形等，营销员要按戒指的价格高低、豪华程度及顾客要求，选择相应的戒指盒。装盒时，捏住戒指，将戒圈部位插入戒盒的缝隙中，一般以插入1/3深度为宜，可略显有角度。较大的翠戒，装入盒内调整固定即可。

4. 耳　饰

耳饰包装盒外形与戒指盒差不多，仅内部略有区别。装盒时，只需用手指捏住耳饰，将耳饰上的插针或挂钩插入缝内或小孔里。整理时，须适当调整角度，让两只插入缝内的耳饰，平行排列，花纹一致，有坠的耳饰需将饰坠的正面朝上整齐摆放。

其他饰品的包装要求，也大同小异。

四、其他礼品的包装

（1）根据待包装的首饰盒的大小、形状，裁剪好适当的包装纸；

（2）将包装纸里面朝上，平铺在柜台上，将被包装的首饰盒放在包装纸的中央位置；

（3）两手同时将包装纸从首饰盒两侧折起，扶平整，在被包装的首饰盒顶角中间交叠，另一只手撕透明胶带纸，顺交叠缝粘牢；

（4）被包装首饰盒的另两头用同样的方法，两手将一头的包装纸对边折过交叠，用胶带纸封牢，再折另外对边，一头封好后再做另外一头；

（5）根据顾客喜好选择相应丝带，进行捆扎。包装好的礼品盒，必须四方端正、六面平整、松紧适度、牢固可靠。

营销员佩戴技巧

　　首饰佩戴是一门艺术。翡翠美，不等于一佩戴到身上就美。佩戴翡翠，需要讲究佩戴技巧。佩戴得好，确实会给人以美上加美的感觉，给人们一种精神享受，给人们的生活创造出一种和谐的美。营销员是顾客选购翡翠的指导者，应该熟练地掌握佩戴技巧，通过营销员的辛勤劳动，给顾客赋予美感和时代感。

　　人和翡翠佩戴的关系，是一种相互依存的关系：首先，所佩戴的那件翡翠饰品要美，它的质地、色彩、做工要好；其次，那件翡翠饰品正好要与佩戴者的特点相吻合，它才能掩盖戴者的缺点，突出戴者的优点，尽显戴者之美。这就是"愿君如星我如月，相互辉映共皎洁"。这样佩戴烘托出来的气氛，才会给佩戴者增添更美的气质。

翡翠首饰本身是一种无声语言，它能传递人的个性、涵养和心理变化等多种信息。翡翠首饰的佩戴，只有与人的气质、风度、身份、年龄、职业及佩戴环境相互协调，才能取得好的佩戴效果。营销员的工作，就是在中间搭桥，让两者走来，彼此牵手，相互联姻。

营销员帮顾客佩戴要注意六点

1. 翡翠佩戴要与佩戴者的身体特点相吻合

顾客的容貌、形体、肤色、性格，各有不同，只有当翡翠首饰与人的这些特点相吻合时，首饰才能起到扬长避短的作用，从而达到有效美化的目的。如给一个身材细小、面貌清柔的女士，佩戴一串造型复杂、个体粗大、色彩夸张的项链，就会给人以一种不堪重负的感觉。

2. 翡翠佩戴要与戴者的年龄相吻合

不同年龄有不同气质，少女的青春、妙龄与活泼；青年女子的开朗、温柔与俏丽；中年妇女的成熟、稳重与风韵；老年妇女的苍劲、睿智与矍铄。翡翠佩戴要与这些年龄特征相吻合，才能够发挥更好效果。如给老年妇女耳朵戴上纤细的翡翠耳坠，双手又戴上粗大的翡翠手镯，会使人感到不协调，甚至不免有些滑稽。

3. 翡翠佩戴要与佩戴者的职业身份相吻合

每一个人都担任着一种社会角色，有一种特定的职业身份，佩戴要与职业特点相吻合，才能达到美化的目的。如一个文静端庄的女教师，就不适合佩戴张扬的耳饰和项链，更不适合佩戴那些廉价的B货、C货和仿制品。

4. 翡翠佩戴要与佩戴者的脸形相吻合

每一个人都有一张与别人不同的脸，常见的有：椭

圆形、圆形、方形、长形、正三角形、倒三角形和菱形等。椭圆形是东方女性的标准脸型，整体轮廓比例协调，形如鹅蛋，俗称"鹅蛋脸"。给人以柔和、秀美、亲切之感，具有为大多数东方人所能接受与欣赏的审美共性。如果给这种柔美脸型的女士，佩戴过分花哨的翡翠项链，或垂饰过大的荡环状耳坠，有可能将人们的注意力集中到胸部和耳部，反而使姣好的脸庞被忽视，俊美的脸儿被埋没。首饰不但不起美化作用，反而喧宾夺主，使本来就好的显得不好。

5. 翡翠佩戴要与佩戴者的手型相吻合

人手的形状，有大小、有粗细、有胖瘦、有长短。只有当饰品与手的特点相适应时，戴起来才会显得漂亮。如瘦小型手，因手掌短小、手指纤细，只能戴比较小巧的戒指，或条径稍细的手镯，不宜佩戴大戒指或粗手镯。如果佩戴大戒指，会使本来就短小的手指显得更短；佩戴粗手镯，会使单薄的手，显得不堪重负。

6. 翡翠佩戴要与佩戴者的服装相吻合

如休闲在家中，穿着很随意，不时还要做做家务活计，这时你却佩戴着高档翡翠饰品，就很不协调。同样，在讲究的场合，随便佩戴个粗糙的低档手镯，也是不合适的。

营销员揣摩顾客心理技巧

消费是一种需要，需要产生顾客，顾客有着不同的心理。营销员要学会揣摩顾客心理，明确顾客类型，知晓顾客所需商品，把握顾客购买动机，也就是俗话所说的会看"麻衣相"。

按美国心理学家马斯洛的消费层次理论，翡翠首饰商品消费需求，是在人们自身生理需求得到满足以后的高层次的消费需求。这种需求将满足人们自我美化、自我完善和自我显示的需要。从几年来的珠宝市场实践情况看，翡翠消费需求有下面一些特征：

伸缩性。当人们把买房、购车定为主要消费时，翡翠首饰的消费需求就

明显下降，当这些大件满足以后，随着经济积累的增加，翡翠首饰的消费需求又会上升。在这个过程中，消费质量的好坏、消费层次的高低、消费时限的长短，都具有一定的伸缩性。

复杂性：由于人的生活习惯、文化素质、个性特点、收入水平、兴趣爱好有差异，翡翠消费需要会表现出多样性和复杂性。

可变性：经济发展、文明进步、修养提高、环境变迁，都会导致消费者心理需要发生变化。这个变化，会直接影响翡翠消费需求。

可诱导性：消费者的心理需要，一般是可以诱导和调节的。例如，在某个时期，翡翠商品或服务，由于加强了广告促销宣传，影响了人们的心理需要，从而使翡翠的销量大幅增加，这说明顾客心理是可以诱导的。在商店里，营销员可根据顾客的消费心理活动，运用商品知识、商品展示，启发刺激和引导顾客产生某种实际需要，将顾客的消费心理转化为消费行为。

消费心理影响购买动机，购买动机制约着消费行为。

一、翡翠购买的心理类型

1. 美化装饰心理

"爱美之心，人皆有之"。翡翠质地细腻、晶莹剔透、色泽艳丽、美观漂亮、秀气纤巧、造型独特，加上流行时尚新颖的款式，可以满足人们美的精神追求享受。

2. 象征寓意心理

翡翠不仅有细腻的质地、美丽的色泽，同时，还有深刻的意象寓意。很多人选购翡翠，不仅喜欢它的美，而且还喜欢它附着的美好的寄托，能够表达人的诉求和祈愿。

3. 纪念心理

翡翠的美，具有永恒性；翡翠文化，具有不可替代性。中国人讲究礼尚往来，注重情谊交流，他们会选择附着感情的能表达心愿的翡翠，作为对人对事的美好纪念。

4. 储备心理

翡翠资源的有限性和不可再生性，使得翡翠饰品的价格一直是只升不降，只涨不跌；翡翠饰品体积小，便于携带，具有很强的财产保值性。人们选购翡翠，一个主要目的是财产储备。

5. 时髦心理

讲时髦、赶潮流，是现代人，尤其是青年男女的普遍心理。翡翠质透色美、造型新颖、款式独特，很富时代气息。给追求时髦的消费者，提供了广阔的选择空间。

6. 身份心理

中国人，讲究身份，身份常与佩戴装饰相联系，借助珠宝翡翠能够提高自己名望。在古代，就有"君子必佩玉"之说，现代人佩戴翡翠，那更是理所当然的事情。

7. 艺术心理

翡翠不同于一般的普通装饰物品，它是一种用心涵养的高级艺术品，有很高的美学价值，佩戴翡翠可以烘托自身气质，这对于那些有文化艺术修养的人来说，自然会选择翡翠。

8. 感情心理

人们崇尚美，追求纯真的感情，往往借物喻情。翡翠是一种情感的寄托物，历来为人类所钟爱，注重感情的消费者，在选购饰品时，自然把目光投向翡翠。

9. 显富心理

这类消费者，主要是一些先富起来的人们，他们主要追求的是翡翠的内在质量，佩戴是为了显示自己的富有。他们在选购时，不讲究制作是否精致、款式是否新颖，只求品质是否一流，是否高档。

这些心理动机的明显特点是：目的性强、指向性准。在购买动机的驱使下，顾客进到商店，按照其平时的性格和习惯，就表现出各种各样主动性：有的求实、有的求廉、有的求美、有的求情、有的求名、有的求新、有的求奇、有的求阔、有的求赠、有的求藏，等等。营销员应根据消费者的心理动机表现，进行有针对性的服务，促使翡翠商品成交。

二、针对不同类型顾客的服务

1. 针对显示型顾客的服务

这类顾客大体有两种：一种是财力显示者，在改革开放中，经过打拼先富起来的人群，他们刚换上时髦的穿着，就差翡翠珠宝佩戴，现在走进店来，既趾高气扬，又局促不安。对于这样的消费者，营销员要格外善待，以他们的满足为满足，以他们的喜悦为喜悦，亲切微笑、和蔼接待、真诚帮助、热情服务。

一种是争强好胜者，由于经济的优越，他们也曾有过高档的消费，但还未曾有相应的气质与之联系起来，一时还形不成和谐美。在他们的言谈举止中，会流露出一种旁若无人、急切浮躁的情绪来。对于这样的消费者，营销员要包容、要大方、要委婉、要夸赞、要顺其自然，促其成交。

2. 针对情感型顾客的服务

这类顾客大体有三种：一种是结婚选佩者，婚姻是人生大事，选购爱情信物，表示海誓山盟。一般男士会在旁边迎合或帮助定夺。在这种情况下，营销员要引导消费者到一定档次的翡翠柜前，既要夸赞新娘戴此种款式显示的美，又要夸赞新郎的眼力及有此佩戴翡翠新娘的幸福。除了热情接待之外，还要介绍一些有关寓意姻缘饰品，比如：龙凤配对、龙凤呈祥、夫荣妻贵、富贵姻缘、鹤鹿同春、天长地久、欢天喜地、同偕到老、喜上眉梢、喜在眼前、喜从天降、麻姑献寿、鸳鸯贵子等等，成交的翡翠饰品，可能会比普通顾客要多得多。

又一种是纪念选佩者，如结婚5周年、10周年、20周年、银婚、金婚，营销员要区分几种情况，分别对待：

一种情况，中老年夫妇为结婚几周年留个纪念，以后将饰品传给儿女，他们经济条件较好，营销员可推荐一些中高档饰品。

另一种情况是，夫妻双双，艰苦度日，过去买不起首饰，现在经济条件改善了，丈夫意想妻子跟自己这么多年，现在该给她补买件饰品了。虽然双双为买饰品进店，在购买中，还会发生戏剧性变化。翡翠手镯是挑好了，女的也喜欢，可是一想，咋花那么多钱，不肯买。这时，营销员要站在妻子一边，充分理解和给予同情，并关心地劝慰："您辛苦大半辈子，跟着老伴，把家务操持好，把孩子抚养成人；现在生活好了，老伴想到了，该买件像样的东西做纪念了。钱再多都可以花掉，老伴的这份心意，您就让它留下吧！"体贴而温馨地替她戴上手镯。老伴不但满意地付款，还要感谢营销员。

再一种是祈福选佩者，小孩的生日，大人给买件礼物；老人的生日，儿女们选件寿礼。营销员要相应地帮助挑选，并把含义告诉顾客。

3. 针对求美型顾客的服务

求美是珠宝消费市场的一个永恒的主题，顾客已不是为戴首饰而戴首饰，他们强调首饰对自身气质的塑造与烘托的作用。营销员要适当推荐一些品质高的翡翠饰品，供他们选择。如果还选不出他们所需要的货品，可征询他们的意见，留下联系电话，帮他们到有关厂家选配。

三、顾客消费的复杂过程

顾客消费是一个复杂的变化的决策过程，它包括了萌发需要、确认需要、信息收集、信息筛选、决定购买、买后行为等诸多环节。营销员面临的大多是"决定购买"环节，而这一环节又包含着诸多变化莫测的不确定的因素。这就给营销员留下很多的工作要做，留下"做"的很多技巧迫切地需要提高。单就顾客进店这么短暂的时间里，就要经历：进门—观望—注视—兴趣—联想—欲望—比较—信心—行动—满足—众议等诸多心

理变化阶段。

1. 进门

翡翠珠宝店那么多，顾客选择进你的门，事先已有调查研究，或听亲友讲过，或听媒体宣传，或正式向人打听等。顾客虽未入门，但你做生意已经开始。

2. 观望

顾客对将要购物的环境，会格外地关注，店堂大小、门面装修、橱窗设置、柜台摆放、灯光强弱、店容感觉，先留一个总体印象。这是购物目标的一种亲近。

3. 注视

在这个总体印象下，顾客会按照其来意和目的，浏览柜台，注视其所需要的货品。将预先掌握的信息，进行实际核对，在脑中闪现："要买的东西就在这里。"虽不是尘埃落定，但已经进入实质购物程序。这时候，是营销员接待的最佳时刻。

4. 兴趣

顾客注视翡翠，细腻的质地、艳绿的色彩、精美的雕工、新颖的款式，会使顾客产生兴趣。兴趣是顾客购物的最好的指导老师。营销员应及时跟进，用生动形象的语言，画龙点睛地给客人讲一讲相关的玉文化，让顾客感觉锦上添花。

5. 联想

当顾客对某一件翡翠首饰感兴趣时，就会要求营销员把首饰从柜里取出给他亲自观看。在观看中，会不时联想自己佩戴这件首饰是否漂亮，是否比别人美，是否会受人夸奖，配哪件衣服会更好等等。营销员要从旁配合，给予必要的称赞。

6. 欲望

当顾客由某件翡翠首饰产生了联想时，就有可能产生需要这件首饰的欲望。部分人会在欲望阶段决策并发生购买行动。但有的人欲望不止，会向营销员提出："还有比这更好的吗？"这时，营销员应该引导顾客挑选更高档次的货品。但有一种情况需要注意：防止顾客挑花了心。有时候，挑来挑去，这山望着那山高，挑得个无所适从、举棋不定，什么都好，什么都买不成，顾客说声"看看再定"，营销员也落得个悻悻不乐的情绪。对于这类顾客，营销员要视情况，当机立断，劝说购买，不要弄得"竹篮打水一场空"。

7. 比较

质地比较、色彩比较、佩戴效果比较，翡翠不是早晚都买，顾客会反复地进行参照选定。营销员要热情仔细，百拿不厌。

8. 信心

顾客在比较中对某件饰品比较肯定，建立了购买信心，营销员要及时地对顾客的挑选给予赞扬和肯定。

9. 行动

信心一旦建立，顾客就会付诸购买行动，请营销员开票，到收银台付款。营销员要及时做好包装的准备。

10. 满足

顾客付出了挑选精力，付出了金钱，选到预想的饰品，购到合意的翡翠，如果周围再有人赞美几句，心里感到很满足。

11. 众议

买翡翠，购高档商品，是一件喜事。一般人不免都要说说讲讲，特别是一些个性张扬的顾客，带回饰品后，常会拿给人看，这就将饰品置于众人议论之下。受众者中，有亲人、有朋友、有同事；有懂行者、有外行人。人多嘴杂，有人说很好，有人说还可以，有的说不行，顾客真要有点判断力和经受能力来接受考验。这时候，可能会有两种情况出现：说好的多，顾客会感到饰品分外地值，在珍爱自己饰品的同时，还会欣赏自己的眼力不错。他有可能还会再次光顾商店，购买其他货品；说差的多，顾客会郁抑烦闷，甚至感到上当受骗，联想购买时营销员的宣传，顿时感到一头的"雾水"。他会在公共场合或私下里发泄对产品的不满，向自己的亲戚朋友进行抱怨，甚至会到商店要求退货。为了防止这种情况的发生，营销员在给顾客介绍货品时，一定要将心比己，实事求是，货品什么档次、什么品质、什么价位，让顾客心中有底，明明白白地做生意，清清楚楚地赚利润。特别是一般品种的翡翠饰品，棉点、瑕疵、绺裂都所在难免，最好在挑选时就对顾客说清楚，"说明的鬼不害人"，让顾客心中踏实，让顾客具有抵抗众议的免疫能力，同时也保护了商家的信誉。

四、在不同时段中，营销员需要注意

1. 待机时

要精神饱满、行动得体、整体有律、个体有序；如果顾客进店，第一眼看到营销员懒懒散散、东倒西歪、吹牛谈天、无所事事，自然就会产生"此店生意不好，信誉一定不会高"的印象，会让顾客失去购买信心。所以，懒散无序，为商家大忌。

2. 接触时

初步接触的印象很重要，营销员要把握好接触的时间和分寸，过早过分热情，会使顾客感到有压力，甚至产生赶快离开商店的想法；过迟过分严肃，会使顾客感到受了冷落，从而产生对商店的服务不满情绪。有时候会遇到这样的情景：顾客刚靠近柜台，营销员就急火火地问："要点什么？"顾客回答："不要。"营销员看着顾客从甲柜走到乙柜，从东边走到西边，就是扯不上话。因为顾客的"不要"已经回答穷尽。其实，这种尴尬局面，完全是由营销员在接触中，性子过急、话语过简所造成的。如果换一种方式，等顾客对柜里货品稍作浏览，再问："嘉宾今天有时间到店里走走，这几种款式您比较喜欢哪种？"第一句，以一种似曾相识的口气，舒缓一下彼此陌生的气氛；第二句，把顾客当熟悉珠宝的老主顾看待，既尊重又恭维，顾客心中舒坦，说不定就会慷慨解囊。

3. 展示时

营销员的动作要轻盈高雅、准确敏捷、轻拿轻放、格外珍惜，在柔和的灯光下，显示翡翠首饰的格外贵重；如果营销员的动作，拖拉笨重、丢三落四、东一榔头西一棒子，给顾客的感觉就像卖大路菜，丝毫显示不出翡翠珠宝的珍贵。翡翠美的展示，首先还是营销员肢体美的展示。正规的珠宝店，都非常注意营销员的动作训练。

4. 揣摩时

营销员揣摩顾客的购买心理，虽不可能体察入微，百分之百的准确，但要尽量仔细，做到大体差不离。例如：同时有两位顾客进店，甲顾客想买一只水色一般，价位在两三百元的翡翠手镯送给农村老人；乙顾客想买一只质好色佳，价位在万元的翡翠饰品送某位官员。如果营销员不仔细观察，揣摩其心理，就急急忙忙地向甲顾客推荐高档饰品，向乙顾客推荐一般手镯，结果有可能两个都会放弃购买。

第十二章

营销员

YINGXIAOYUAN GUKE ZHIYI CHULI JIQIAO

处理技巧 顾客质疑

顾客有质疑的权利，拒绝购买，或购买后退货，或对服务产生抱怨，这都是正常的。营销员应正确对待顾客的质疑，妥善处理好顾客质疑。"抱怨是金"，有经验的营销员，常将心比己，把质疑当做是顾客送给自己的一份礼物，耐心地打开礼包，细看其中内容，接受教育，改进服务。把顾客质疑，作为潜在的商机，通过处理，进一步密切顾客关系，取得顾客信任。

一、顾客质疑的三个方面

1. 价格质疑

价格直接关乎顾客利益，顾客对价格一般都比较敏感。在顾客看来，讨

价还价，是天经地义的事情。即使商品定价比较合理，顾客仍会抱怨。价格质疑，常是顾客对商品感兴趣的信号。营销员要从品质、工艺等方面，证明其价格的合理性，来说服顾客接受其价格。如果顾客还有异议，营销员可以在自己的权限范围内或请示经理，适当降价。

2. 产品质疑

由翡翠的天然性所致，其内在不可能没有一点"美中不足"，特别是一般产品，包体、瑕疵、绺裂等都在所难免。营销员要从翡翠的天然性作出解释，"十宝九裂"，"人无完人，玉无完玉"，不必过分计较，如果没有这点瑕疵，就不是这个价格了。

3. 偏见质疑

有的顾客，以不正确的观点看待翡翠；有的顾客，可能在别处受呛憋气，迁怒于人；有的顾客，由于受亲友受骗上当的影响，心怀戒心；有的顾客，自现"财大气粗"，对营销员的讲解，不屑一顾，等等。营销员要有

"海纳百川"的大度，平心静气，争取认同，然后以询问的方式，找出导致顾客偏见的原因，用摆事实、讲道理的方法，帮顾客消除偏见。在这个过程中，营销员可多使用"是的……但是……"语法句式与之进行沟通。

二、处理顾客质疑的方法

顾客质疑，处理得好，是翡翠销售的一种机会，营销员可用以下方法及时进行处理。

1. 亲情处理法

对顾客表示感同身受，设身处地地站在顾客角度，耐心倾听顾客意见，如果顾客言之有理，应及时满足顾客的合理要求。如果要求过分，也要晓之以理，动之以情，感化说服顾客。

2. 直接否定法

根据明显的事实和理由，直接否定质疑。这种方法，可增强销售说服力，节约周旋时间；但运用不好，会增加顾客的抵触情绪，最后导致销售失败。在使用这种方法时，必须有合理的、科学的和可查可证的依据。在解说中，要保持十分友好的态度，维持良好的营销气氛，要关心顾客的情绪和心理承受能力，要关心公司的销售效果。这种方法，一般只适用于因为顾客的无知、误解、成见和信息不足引起的质疑。否定是要以真信息去取代顾客的假信息，以科学的知识取代顾客的无知。因此，营销员始终要把顾客当亲人，想顾客之所想，急顾客之所急。

3. 直接满足法

当顾客质疑的事实确实存在，营销员就不要再强词夺理，可按顾客的意愿，满足其合理要求。对属于顾客知识欠缺所带来的质疑，营销员可顺势诱导：这件饰品，正因有此问题，才会把价位降低，但不影响佩戴的整体效果，出这么个价，买这么样的货品，还是十分划算的。

营销员
顾客询问
回答准备

1. 翡翠缘何嫁誉与玉？

翡翠是中国一种毛色十分漂亮的鸟。雄鸟为红色，谓之"翡"；雌鸟为绿色，称之"翠"。因毛色出奇的美丽，古代诗人早已将它入诗。唐朝陈子昂在《感遇》中写道："翡翠巢南海，雌雄珠树林。"到了清代，翡翠羽毛已成为人们竞相追捧的饰品。缅玉进入清廷，其颜色可以与翡翠媲美。人们在使用饰品过程中，就将熟悉的翡翠嫁誉给了漂亮的缅玉。入宫的缅玉得名于入诗的翡翠，而且是用中国鸟，由中国人命名。可以想见，翡翠与中国的渊源，实在非同一般。

2. 翡翠凭啥能称王？

翡翠自面世以来，就以其非凡的品质，博得人们的青睐。人们利用翡翠，制造了成千上万美轮美奂的艺术精品。这些艺术品，不管质地，不管色彩，在所有玉中，都众压群芳，表现出王者的大家风范，所以，称王无愧。

3. 玉因何由分软硬？

在鸦片战争中，英法联军从中国掠夺了和田玉和翡翠。法国矿物学家德穆尔，从科学研究出发，分别对和田玉和翡翠进行了分析化验，第一次从矿物学角度，指出了和田玉和翡翠的矿物组成，化学成分和物理性质。根据实际测得的数据比较，把6.5的和田玉称为软玉，把7的翡翠称为硬玉。

4. 透度为何称做"水"？

水是清澈的，它无陈色杂味；水是纯洁的，它无杂质污秽；水是灵动的，它圆通空明，因灵动而睿智，因灵动而美丽。《红楼梦》把女子的美，全归结为水，说："女儿是水做的骨肉"。水，集温柔与力量于一身，融祥和与坚毅为一体。正因为如此，才把翡翠的透明度，形象地称之为"水"。

5. 如何区分绺和裂？

绺，丝缕的组合体。须、发、线、麻等的一股。裂，扯破，撕断。翡翠的绺，指充填了物质的细如丝线的复合裂痕，一般不影响翡翠使用的安全。裂，受损，影响安全和价值。人们将绺裂混合使用，多指充填复合裂隙。

6. 为啥叫棉显得平？

人们历来把翡翠内的团状、条状、块状的钠长石等白色矿物叫"棉"。这种叫法虽简单明了，但显得过于平直。还可不可以叫"云"，叫"雪"？祥云祝好运，瑞雪兆丰年。改瑕为瑜，把人们疵疑之心，变为良好祝愿。既有特征，又有文化，岂不更好。

7. 什么是翡翠翠性？

在未打磨的翡翠原料面上，肉眼可以看到晶体的粒状断面的解理面闪光，俗称"苍蝇翅"。这是因为硬玉晶体的解理面，像诸多反光面。这种现象只有翡翠独具备。凭此，可认定它是翡翠。翠性大小，与颗粒粗细有关。颗粒粗大，翠性明显；颗粒细小，翠性减弱，玻璃就难见翠性。

8. 哪三要素定翡翠？

硬度、密度和折射率可以确定翡翠。硬度是翡翠抵抗另一种物质刻划、研磨的能力；密度是单位体积的重量；折射率是在两种媒质中光速比值的物理量。翡翠的硬度是6.5～7，密度是3.33，折射率是1.66。

9. 何种形状称色根？

在带绿的翡翠料和雕件上，色特别深厚的那一点或那一缕，称为色根。色根是鉴别色彩真伪的标志。绿极均匀的高档翡翠，难见色根。

10. 翡翠如何选佳品？

绿色纯正，色泽鲜艳，分布均匀，质地细腻，水头饱满，设计新颖雕工精美，就是翡翠佳品。包括祖母绿、翠绿、苹果绿和黄秧绿等四种颜色中的任何一种颜色。

11. 底干为啥会吃色？

透明度好，能使翡翠的绿色映照得更加美丽，似乎色是活的，有动感。透明度差，即底子很干，映衬不出绿色，绿色地不能与周围的质地相融合，不能扩大绿的范围。即使绿色很好，也会显得很呆滞，好像被质地吞食掉一样。

12. 为何好翡不可求？

红色，又称翡色。是次生作用形成的颜色，多分布于风化表层下。红翡多为翡翠的表皮部分，称之为"红皮"，由赤铁矿浸染而成。天然质好色好的红翡翠难得一见，市场上可遇不可求。

13. 最佳红色是什么？

最佳的红色是鸡冠红，红色亮丽鲜艳，玉质

细腻通透。苏富比拍卖会曾拍卖过一个红翡翠雕件，价值高达380万港币。

14. 翡翠能分几种绿？

翡翠绿色，有许多形象生动的称呼，归纳起来有四类：

①按色调的正与偏，有：正绿、偏黄绿、偏蓝绿和灰黑绿。②按绿色的浓艳程度，有：艳绿、阳俏绿、浅阳绿和浅水绿。③按形状及均匀程度，有：满绿、雾状绿、梅花绿、带状绿、金丝绿、花青绿和疙瘩绿。④按颜色与质地关系，有：玻璃绿、干疤绿和白底青。

15. 翡翠结构指什么？

翡翠结构指的是，组成翡翠矿物的结晶颗粒大小，结晶形状和晶体的结合方式。结晶颗越细小，翡翠品质越好。

16. 人喜翡翠是何因？

人们喜欢翡翠，除其财产价值外，重要的是色彩。大自然的神力使翡翠独具各种美丽的色彩，绿色是其最美丽的颜色，它蕴涵着昂然的生机，象征着人们对美好生活的向往和追求。尽管有祖母绿色、阳俏绿色、黄秧绿色和苹果绿色等字眼，但始终表达不出它那种说不出的美。

17. 为啥会有橘皮状？

翡翠由很多的硬玉颗粒组成，容易造成翡翠表面的硬度差异。由于不均匀的硬度差异，使翡翠表面不可能绝对平坦，有的看似显现出橘皮样。这也是鉴别翡翠的特征之一。

18. 翡翠老种为啥好？

因为老种矿物组成单一，矿物颗粒细小均匀，质地结构致密，绿色纯正浓重，绿色分布均匀，透明度好，具有良好的光学效应。

19. 翡翠评估为何难？

翡翠评估，特别是高档翡翠的评估，历来都极其困难。造成这种难度的原因有五：①偶然性。翡翠的出成率具有偶然性，可能用极少的财力投入，就可能得到一块价值连城的翡翠；也可能投入巨资，却一无所获。②唯一性。世界上没有种、色完全相同的两块翡翠，没有可比性参照。③稀少性。翡翠的产地、产出稀少，市场供求矛盾很大。④艺术性。翡翠雕工，具有艺术性。⑤永恒性。翡翠的使用是永恒的。

20. 鉴赏需要何条件？

要能够较好地鉴赏翡翠，需要以下条件：①光源。不同光源，具有不同色温。色温不同，鉴赏效果就不一样。比较方便的光源是晴天上午10时至下午3时的自然光。②环境。选择一个中性色调环境，不要选绿色色调环境；衬底最好是纯黑的天鹅绒，因为黑色天鹅绒不但不会对翡翠的颜色造成污染，而且还会使翡翠显得高雅华贵。③心态。身心要健康，心态要平和，情绪要稳定。身心疲惫，情绪激动，心态糟糕，难下正确判断，不宜于鉴赏翡翠。

21. "玉出云南"是何因？

在历史上，缅甸翡翠产地，为云南所管辖，当时有腾越产玉之说；翡翠又为云南人所发现并加工使用；翡翠的运输、销售，多为云南人所为。云南人对翡翠功不可没。故把翡翠称云南玉。

22. 翡翠饰品知多少？

清朝以来，翡翠饰品五花八门，旧饰有翎管、朝珠、龙钩、带钩、如意、扳指、管子、扁方、压发、帽正、顶子、烟嘴、鼻烟壶、三环扣、二环扣等。时饰有手镯、戒面、怀古、胸花、胸坠、耳坠、腰坠、烟嘴及各类摆件。

23. 翡翠价格又如何？

翡翠的价格从80年代初期至1997年这十多年内，上升了近3000倍。一枚20mm×12mm×6.5mm的完好全美翡翠戒面，价位在300万元以上。有一点白棉、黑点、但形状好的戒面，也在100万元以上，特好粗圈手镯可达千万元。

24. 玉石文化谁代表？

翡翠是山川大地之精华，由于它的品质超过所有的玉石，很快取得了王者地位。翡翠继承和发扬了玉文化传统，充分表现了中国玉文化的博大精深。因此，翡翠是玉文化代表。

25. 摩氏硬度何来历？

1822年，德国物理学家摩斯，搜集了十种能获得很高纯度的常见物质，按彼此刻划能力的大小，依次排列，制成目前普遍采用的摩斯硬度计。硬度的排列的顺序是：

滑石：1；

石膏：2；

方解石：3；

萤石：4；

磷灰石：5；

正长石：6；

石英：7；

黄玉：8；

刚玉：9；

钻石：10。

平时生活中使用的物体的参照硬度是：

指甲：2.5；

玻璃：5～5.5；

钢刀：5.5～6；

钢锉：6.5～7。

26. 什么是毛料？

没有打开的翡翠捆石叫原石，没有经过任何加工的原石，到了交易场上，人们就叫它"毛料"。因为皮壳包裹着，看不见内部情况，就像人蒙捂着头一样，又叫做"蒙头石"。

27. 什么是赌石？

是原石在交易场上的特定转换名词，买者根据原石外皮上现有的种种表象，凭自己的知识、经验、胆略，对翡翠内部的绿色、种质作出好坏判断，就像赌场上下注赌博一样，运气好，有水有绿，叫"升"，叫"涨"，成十、成百、成千倍地赚，称为"一刀富"；运气不好，无水无绿，叫"垮"，叫"砸"，成十、成百、成千倍地亏，称为"一刀穷"。多年来，业内叫"神仙难断寸玉"

28. 什么是明料？

把原石切开，或者是将料皮剥去，使翡翠的肉和色让买主一目了然，明明白白地看个清楚，这就叫"明料"。

29. 什么是色料？

是颜色和水种都好的上等原料，这种好料，多用来做高档手镯、高档挂件和高档蛋形戒面等。

30. 什么是净度？

翡翠内部所含瑕疵、杂质多少的程度。翡翠是达到宝石级的一种矿物，

在其形成过程中，自然会包裹进外来的成分，这些不能融合的成分和后期地质运动所产生的裂隙，自然就会影响到翡翠的纯净度。

31. 什么是原生色?

翡翠在地表以下，在各种地质条件作用下形成的颜色，这种颜色与翡翠矿物的化学元素、矿物成分有密切的关系，就是在翡翠晶体的结晶作用过程中形成的。它是一种固定的颜色，平时我们叫翡翠肉的颜色。

32. 什么是次生色?

在外部地质作用条件下形成的颜色，翡翠露出地表以后，它所处的环境与原来形成时的环境（高压、高温和频繁的热液活动）有很大差别，处于地表常温、常压、氧化、多水条件下，许多矿物化学性质不稳定，再加上日夜温差的变化，产生了物理和化学的风化作用，从翡翠中释放出来的铁，形成氧化铁，颜色为黄色和红棕色系列。这种颜色很不稳定。

33. 什么是致色元素?

能引起致色的元素属于一种过渡元素，它包括：铁（Fe）、钛（Ti）、铬（Cr）、锰（Mn）、钴（Co）、镍（Ni）、铜（Cu）、钒（V）。由于在外层轨道上含有未配对的电子，而易吸收可见光的某些波长（颜色）的能量来改变其能级，这时可见光中未被吸收的残余色，就使之致色。翡翠绿色主要是由含万分之几的三氧化二铬所致。

34. 什么是俏色?

在同一块原料上，具有不同的色彩，利用这种不同的天然色彩，进行巧妙设计，因材施艺，制成巧夺天工的玉雕作品，使本来就美的东西，更加美上加美。这种尽显其美的巧妙的用色技法，就叫"俏色"。俏色使原本美丽的天然玉石锦上添花，使翡翠玉石价值连城。这叫做"技术还原本色，而又高于本色"。"俏色"现已成为玉雕工艺的专有名词，也是欣赏玉器经常使用的一种术语。例如：翡翠料中有白色和绿色，就用绿色雕成叶子，用白色雕成爬在叶上的蚕儿；还有，料中有红色、黑色和白色，就用红色做鹅的冠额，黑色做鹅的眼睛，白色做鹅的身子，整个作品，惟妙惟肖，让人叫绝。玉雕俏色佳作，灿若群星，美不胜收，从古至今都有。例如：殷商妇好墓中的玉鳖，汉代玉雕"金彩玉璞，随珠夜光"，宋代五彩俏雕，清代慈禧珍爱的翡翠西瓜、白菜蝈蝈等。

35. 什么是玉纹?

玉石是多晶集合体，是在高压变质作用过程中形成的。在定向压力作用下，片状、长柱状或纤维状矿物会向着压力最小的方向，呈定向排列，这就形成了玉纹。玉纹是一种自然现象，并非人为损坏，"玉无纹，天无云"，说明这种现象比较普遍。

36. 什么是老坑玉?

指的是高档翡翠，颜色纯正，不偏不暗；质地细腻，均匀透明，像玻璃地种，人们习惯称之为"老坑种"。这种习惯来源传统，在人的观念上，好像年份越老的翡翠就越好，这种翡翠大多在次生矿中能找到，而次生矿一般开发较早。因此，就称之为"老坑"了。

37. 什么是皮?

翡翠原石表面的风化外层，包肉的部分。

38. 什么是底?

又称地、底障、地张，包括透明及干净的程度，杂质、绺裂、瑕疵的多少，绿色与非绿色的协调程度。

39. 什么是原生裂隙?

岩石不断受到地壳运动的影响，发生变形甚至断裂。由于这种情况产生的裂隙，就叫做"原生裂隙"。

40. 什么是次生裂隙?

翡翠露出地表后，由于白天与黑夜的温差较大，引起翡翠岩热胀冷缩产生的裂隙。翡翠自身的导热性能相对差，白天阳光暴晒，表层温度升高，由于传热过慢，温度到了晚上才传到岩石的内部，岩石内部将受热而膨胀，可是此时岩石的表层，却因黑夜温度降低，受冷收缩，产生了内胀外缩现象。这种现象必然会产生一种伸缩张力，张力的横向纵向作用，日积月累，便形成不规则的裂隙，这种裂隙，就叫次生裂隙。

41. 什么是人为裂隙?

人们在开采、搬运、加工等一系列活动过程中,不可避免地会使翡翠受到一定的外力冲击而产生裂隙,特别是使用炸药开采,或者使用火烧浇水等,产生的裂隙会更多,这种由外力产生的裂隙,就叫做人为裂隙。

42. 什么是墨翠?

墨绿色的翡翠,由绿辉石组成,也含其他矿物。在透射光下呈深绿色,质地细腻,色彩深沉,消费者比较喜欢。

43. 什么是再造翡翠?

是一种用天然翡翠碎末加胶加色压制而成的翡翠原料,用来制作佛像、观音挂件。在广州一些低档的翡翠市场上时有发现。

44. 玉词、成语知多少?

"玉"字的组词和表现能力最强,"玉"字在《红楼梦》中,有5700多个。

《汉语大词典》收集使用"玉"字组的词,篇幅长达53页,共有894条。

此外,还有大量的俚语、熟语和警语在民间流传。如:

"玉不遇砥砺,不可以成器,人不遇困穷剀辱,不可以成德":玉不经过磨砺,就不会成器;人不遭遇困难屈辱,就难以成为有德行的人。

"玉不自言成桃李,鱼目笑之卞和耻":当璧玉默不作声之时,鱼目便自以为是无价之宝而洋洋得意,这时卞和就要蒙受耻辱了。"桃李"即"桃李不言,下自成蹊"。卞和:春秋时期楚国人,他获一宝,叫"和氏璧"。

"玉不琢,则南山之圆石":玉要是不经过琢磨也只不过是一块原石而已。比喻人要经过学习,才能成才。

"玉经琢磨多成器,剑拔沉埋多倚天":玉石经过雕治,才大多成了有用的玉器,宝剑从泥土里拔出来后,便显出它的巨大威力。

"有匪君子,如切如磋,如琢如磨":文采焕发的高尚君子,就像经过雕琢打磨过的美玉一般俊美漂亮。"切磋"、"琢磨"后来成了两个词,切磋:比喻互相商量研究,彼此取长补短。琢磨:反复思索,反复考虑。多指写文章很舍得下工夫深究。

"玉石相类者,唯良工能识之":玉和石的样子很相像,只有技艺精良的匠人才能识别出来。比喻只有远见卓识的人,才能从平庸的人中发现人才。

"玉为玉兮石是石,蕴弃深泥终不易":玉就是玉,石就是石,把它们一起埋藏在泥土的深处，也不会改变它们的差别。

"玉以石辨，白以黑昭，故丑好相招"：玉石和白石是经过比较出来的，白色在黑色面前才显其白，所以，美好与丑恶都是互相比较而存在的。

"玉在山而草木润，渊生珠而涯不枯"：美玉藏在山中，连山上的草木都显得滋润，珍珠藏在深渊里，连涯岸也显得不干枯。

"玉者，色不如雪，泽不如雨，润不如膏，光不如烛，取玉甚难"：比喻人才很难发现。

"玉贞而折，不能瓦合；鸾铄而萎，不同鸡群"：玉宁可被打碎，也不愿意和陶器在一起；鸾鸟就是羽毛脱落光了，也不甘与鸡为伍。比喻宁可为正义而牺牲，也不愿意苟全性命；也比喻品德高尚的有修养的人，绝不与卑劣的势利小人同流合污。

"他山之石，可以为错，……他山之石，可以攻玉"："他山之石"，恐指"金刚砂"或"解玉砂"的石头粉末，因为这种石头的硬度高于玉，可以用它来琢磨玉材。比喻巧借外力，可以帮助获得成功。

45. 玉能帮人免灾吗？

民间传统习惯认为，戴玉，可以逢凶化吉，辟邪消灾；戴翡翠，能防止跌伤，使人有好运。这种认识，缺乏科学依据。如果有作用，那也是人的心理作用。人的精神，需要有某种寄托。佩戴翡翠玉件，心理有了寄托，处处觉得实在，事事感到把稳，好像有一个"护身符"在保护着自己。于是，行动格外小心，避免了许多的疏漏和莽撞，增加了不少的安全系数，自然出的事故就少。即使出了事故，也会尽量地往好处想：如果不戴玉，将会是更糟糕。说戴玉能逢凶化吉，辟邪发财，只不过是一种良好的愿望而已。

46. 翡翠处理啥概念？

翡翠"处理"，并非处理品。在质量检验报告或其他珠宝商品标识上，常见到在名称之后加括号注明"处理"。如：翡翠挂件（处理），翡翠手镯（处理）等。消费者经常误解"处理"的含义。翡翠"处理"的含义是：已经不是纯天然翡翠。"处理"和价格调整的处理物品是两个风马牛不相及的概念。在1996年发布的国家标准规定：翡翠（处理），就是经酸洗、去除杂质后，做了注胶处理或做了人工致色（染色）处理的翡翠。实际上就是以往珠宝界称的翡翠B货、C货或B＋C货。自1997年5月1日国家标准《珠宝玉石名称》生效实施后，在翡翠商品的标识标签中，已取消了翡翠A货、B货、C货

和B+C货的名称标注，而用"翡翠（处理）"概括并取代了翡翠B货、C货和B+C货。在2003年的新版国家标准中，对翡翠的质量作出了更严格的要求：将过去视为A货的漂白翡翠、浸蜡翡翠也归为"处理"翡翠。

珠宝玉石名称后面没有括号注明，则表示是天然物品（真货）。如：物品标签上标为"翡翠戒面"，这就表明该物品是天然翡翠戒面，没有注过胶，也未染过色。

47. 玉纹如何来对待?

珠宝商界有一句口头禅："十宝九裂，无纹不成玉"，意思是说，完全没有裂纹的宝玉石很少。因此，在选购翡翠时，一方面要仔细观察，反复比较，认真挑选；另一方面又不要过分挑剔，吹灰找缝，疑神疑鬼。因为十全十美的翡翠很少，即使有，其价格也会很高。对于一些细小的、微不足道的毛病，可以不必在意，只要大的方面过得去，自己称心就行了。

玉纹和裂纹，对玉件质量的影响程度是不相同的。玉纹是自然天成的，裂纹大多是后天损坏的。玉纹不影响玉的坚固性，裂纹影响玉的坚固性。裂纹多且明显的翡翠玉件，经济价值不高。

48. 翡翠颜色会长吗?

翡翠饰件里的颜色会不会再长？回答是否定的。长，是内部滋生发育。翡翠的颜色，是在翡翠矿物形成过程中形成的。成矿以后，除极其特殊情况，如风蚀氧化等，在一般情况下，不会变色长色，特别是制成饰品以后，绝对不可能再长色。翡翠饰品中现有的颜色，原来的滋生发育过程，那是有其极为严格的条件的。说长色，是人的臆想，没有科学根据。

当然，从辩证法的角度来讲，物质是运动的，世界上不存在一成不变而永远固定的东西。在组成翡翠原子中，电子层的运动，电子的跃迁，人体摩擦翡翠，物质场的交换，等等，可能会影响颜色，但那是极其微弱的，简直微弱到可以忽略不计，肉眼是无法看见的，这绝不是生长发育的概念。

49. 为啥喜欢观音佛?

佛：笑口、大肚、豁达、超脱、诙谐、潇洒。看上去，非同凡响。老百姓喜欢笑口常开、大腹便便的弥勒佛，人们认为他的形象能使人解脱烦恼，纳福纳财，从而对生活充满乐观精神。每当看到弥勒佛，就能一定程度上使人的心灵得到宽松和解脱。"大肚能容容天下难容之事；慈颜常笑笑世上可笑之人"。从对联中，可以体会到一种坦荡、宽广和超然的生活态度。这是人们喜欢佩戴翡翠佛像的主要原因。

　　观音：大慈大悲、救苦救难、普度众生，人称"东方女神"。人们喜欢戴观音，因为观音是慈爱母亲的伟大形象，在人们心目中，有着神圣的位置。佩戴观音，有一种爱的力量给生活予支撑。

营销员
顾客抗价
应对技巧

价格直接涉及顾客利益，也直接关乎商家和营业员的经济收入，是买卖双方谁都不肯轻易让步的必争焦点。合理、规范、公平、公正的价格，商家必须问心无愧地始终坚持。

中国商业的祖脉，是农业自然交换经济。市场素有"喊齐天，还齐地"的传统习惯。千百年来，好像买卖理所当然地就是要讨价还价。进入市场经济，即使是明码实价了，商家也免不了要遭遇顾客的价格抵抗，特别是珠宝商店，说"贵"几乎成了顾客带进来的见面"礼"，卖方得无奈地领受。如何有效应对顾客的价格抵抗，一直是商家和营销员最棘手的问题。

面对锱铢必较的顾客，如何把买方与卖方的对立关系，转变为共同利益的统一关系，使顾客的抗价拒购心理变为受价购买行为，让顾客亲身体验在此购物不会吃亏，甚至感到价位没有比这更合适的购物商店。这样一个由对立到统一、由抵抗到接受的转变过程的关键是，营销员价格应对技巧的成功发挥。由此看出，掌握抗价应对技巧的重要性。

柜台三分钟，柜外十年功。营销员的顾客抗价应对技巧，应在平时练就。在顾客进店之前，就要扎扎实实地做好四个准备。

一、营销员的四个准备

1. 设计应对策略

顾客千差万别，价格计较的程度和方式也各不相同。在强调商品质量过硬和服务到位的前提下，营业员应未雨绸缪，按本店所售货品种类，顾客购物的反应情况，不同顾客消费心理类型，预先设计若干个策略方案，以便适时地应对顾客的价格抵抗。方案策划的前提是，保证商品质量和服务尽量没有瑕疵，只有在保证质量、讲求信誉的前提下，策略方案才会是长期奏效的，否则，就会变成对顾客的耍弄，最后也会耍弄到自己。诚信是生意之本，这是商家和营业员必须要牢牢记住的。

2. 熟悉商品特点

翡翠由于地质生成条件特殊，即使在同一块料上，晶体的粗细也不尽相同，颜色的差别就更大，加上雕刻离不开手工，手工又因人而异，因此，货品一件不同一件。营销员要有审翠相玉的功夫，对每一件货品，进行仔细体察和识别：它们各自属于什么种质，颜色是正还是偏，绿色分布是否均匀，绿色的重量如何，水头好或不好，杂质含量怎样，绺裂多少，种老还是种嫩，做工精巧不精巧，各自的特点是什么，各自应划分的等级，各自的卖点在哪里，各自的文化内涵在什么地方，各自能给顾客带来什么利益，各自能给顾客带来什么样的精神享受，各自的收藏优势在哪里，各自的投资价值是什么。这些对货品应知应会应做的须臾不离的功夫，不说是做到炉火纯青，至少也要做到心中有数。那种"货是货，人是人，客到自然成，客人不到我自闲"的营销员，绝对不会是好的卖手。

3. 自我坚定信心

信心是成功的保证，积极进取是交易的重要条件。营销员要保持正面的情绪和心境，要坚信凭借自己的素质和知识技巧，能够消除顾客的价格抵抗，获得顾客的信任，接受本商店的货品价格。这里，不是心想自信就自信得起来，而要积累，要知识，要功底，要对货品的真知灼见，要有与时俱进的现代经营理念。

4. 搜集市场信息

广泛采集市场商品和价格信息，特别是竞争对手的商品价格信息，认真进行研究比较，找出自己商品和价格优势所在，到时用作证明自己价格的合理性。必要时还可推荐顾客前往考察，以确凿的事实，坚定顾客购买自己商品的信心。俗话说，不怕不识货，就怕货比货。比，就需给顾客提供对象，事实具有最好的说服力，市场信息也就是一种金钱。

二、营销员有效应对方法

在销售中怎样做到有效应对，营销员可采用以下具体方法：

1. 预先阻挡法

营销员在接待的初始阶段，要表明本店对事关顾客利益的价格所秉持的态度，店里对节约成本、降低价格所采取的措施，目前所实行的价格政策，商品如此定价的依据，这样定价的合理性和合法性。暗示顾客在此购物不但不会吃亏，而且还会得到某种实惠，先让顾客吃下价格定心丸，打消不必要的价格顾虑。

2. 商品特性法

翡翠是美的代表，犹如一位美人，她的美是通体上下，整个儿的，不是由于某一部位特别动人，也不是由于搔首弄姿的妖媚，而是由于一种天然的颜色和气韵使人惊叹。这种不老的天然姿色，将万古长青，永远不会过时。再加上生成翡翠的地质变化不可能重复，资源不可再生，目前使用资源的极端有限性，价格历来只涨不跌，只升不降，现在卖这个价，算是很便宜的，将来肯定会比现在还要贵。

3. 利益共同法

营销员要推心置腹地给顾客讲明，商家和顾客本是利益共同体，营销员的薪水就靠顾客发给，商家怎么也离不开顾客。现在薄利多销，为的就是要让更多的衣食父母来惠顾。昧心宰客，岂不是自断财路?自塞门路只有愚蠢的商家才会做。

4. 强调价值法

当顾客提出"能不能便宜些"时，营销员就要下点工夫，耐下性子，为顾客进行正面阐述：单以价格来进行购买决策，这是不够全面的。光看价格，忽视价值，这对购买者来说是个误区。价格只涉及一时，价值却关乎长远。现在多付一点钱，保证价值，将来钱在价格上就很多。如果过多地计较价格，忽视价值，那才是最划不着的。

5. 价格实质法

营销员要运用经济学原理，说明价格是商品价值的货币表现，市场价格的基础是商品的价值，不管价格怎么变动，都离不开价值轴心。一个运营商品，价格标高了，市场不接受，卖不出去；价格标低了，商店要亏本，运作不下去。各种各样的价格决定，都不能离开商品成本及合理的利润。这要求营销员平时要多学习经济学的有关知识，多了解市场价格信息。

6. 成本计算法

翡翠不会腐，不会烂，具有永恒性，它是一种投资产品。

买翡翠，要考虑投资成本。价格与成本，哪个重要？显然是成本。价格只是在购买时支付一次，过分考虑价格，降低翡翠品质，会更增加成本。好货不廉，廉货不好。经济如果宽裕，应尽量买好的。

7. 价格分解法

翡翠是一种特殊的高档消费品，价格自然要比普通商品高一些。针对顾客对价格不了解的疑虑，营销员可以将价格进行分解，说明翡翠是买着贵，用起来很便宜。例如：一只高档手镯，假如是1万元，一辈人接着一辈人戴，世代不绝地戴下去，每天摊销下来的费用，也就极其微乎其微，比起一件衣服消耗时限所付的费用来，那实在是太便宜了。

8. 断然拒绝法

根据顾客的态度变化，有时断然拒绝反而更易达成交易。当营销员热诚说服而对方仍一味讨价还价时，营销员应看准时机，适时地断然拒绝。采取这种毅然拒绝的态度，往往还会获得对方的尊重，这比一味妥协，而失去对方信任好得多。营销员采用这种态度时，一定要清醒冷静，要用柔和的语气，要防止感情用事。

9. 机会提醒法

营销员要告诉顾客，这种质好色佳的货品，留店的时间不会太长，很多顾客都青睐这种产品，翡翠讲求缘分，今天不买，错失机会，以后要买就没有机会了。

10. 服务保证法

营销员在接待中，要把公司背景资料介绍给顾客，宣传公司产品品牌，讲明本店一向注重信誉，注重货真价实，注重售后服务。如有质量、尺寸、款式不满意，终身包调包换。用货品质量和服务优势，坚定顾客购买信心，使之尽快成交。

营销员法律法规知识

YINGXIAOYUAN FALUFAGUI ZHISHI

第十五章

营销员必须懂得相关的法律知识。现行涉及买卖方面的主要是《消费者权益保护法》、《产品质量法》、《反不正当竞争法》和《广告法》。

《消费者权益保护法》规定：消费者为生活消费需要购买商品或接受服务，其权益受法律保护；经营者提供商品或服务，应当遵守国家法律；当消费者的合法权益受到侵害时，侵权者必须承担相应的法律责任。

一、消费者的基本权利

1. 安全权
消费者在购买、使用商品或接受服务时，享有人身、财产安全不受损害的权利；

2. 知情权
消费者享有知悉其购买、使用的商品或接受的服务的真实情况的权利。

3. 选择权

消费者享有自主选择商品或者服务的权利。

4. 公平交易权

消费者享有公平交易的权利，也就是说，消费者以一定数量的货币，可以换得同等价值的商品或服务。

5. 被赔偿权

消费者因购买、使用商品或者接受服务受到人身、财产损害的，依法享有获得赔偿的权利。

6. 受尊重权

消费者在购买商品和接受服务时，享有其人格尊严、民族风俗习惯得到尊重的权利。

7. 获得知识权

消费者享有获得有关消费和消费者权益保护方面知识的权利。

8. 监督权

消费者享有对商品和服务以及保护消费者权益工作进行监督的权利。

二、经营者的基本义务

（1）经营者应当保证其提供的商品或服务符合安全要求；

（2）经营者有接受消费者监督的义务；

（3）经营者应当向消费者提供有关商品或服务的真实信息，不得做让人误解的虚假宣传，对于消费者提出的询问，应当作真实和明确的答复；

（4）经营者给消费者提供商品或服务时，应当按照国家规定，向消费者出具正式的购货凭证或服务单据；

（5）经营者应当标明商品的真实名称和标记；

（6）经营者应当保证在正常使用商品或接受服务的情况下，其提供的商品或服务应当具有的质量、性能、用途和有效期；

（7）经营者不得以各式合同、通知、声明告示等方式作出对消费者不公平、不合理的规定，或者减轻、免除其损害消费者合法权益时应当承担的民事责任；

（8）经营者按照国家规定或与消费者的约定，对提供的商品或服务，承担包修、包退、包换或者其他责任的，应当按照国家规定或双方约定履行，不得故意拖延或者无理拒绝；

（9）经营者不得对消费者进行侮辱、诽谤，不得搜查消费者的身体，不得搜查消费者携带的物品，不得侵犯消费者的人身自由。

三、《产品质量法》涉及销售的规定

（1）销售者应当建立并执行进货检查验收制度，验明产品合格证明和其他标识；

（2）销售者应当采取措施，保证销售产品的质量；

（3）销售者不得销售国家明令淘汰并停止销售的产品和失效变质的产品；

（4）销售者销售的产品的标识应当符合国家规定；

（5）销售者不得伪造产地，不得伪造或者仿用他人的厂名厂址；

（6）销售者不得伪造或者冒用认证标志等质量标志；

（7）销售者销售产品，不得掺杂、掺假，不得以假充真、以次充好，不得以不合格产品冒充合格产品。

四、《反不正当竞争法》指出不正当竞争行为的表现

（1）假冒他人的注册商标；

（2）利用有奖销售的手段，推销质次价高的商品；

（3）擅自使用他人的企业名称或姓名；

（4）在商品上伪造或者冒用认证标志、名优标志等质量标志；

（5）商业贿赂行为，侵犯商业秘密行为；

（6）采用谎称有奖或故意让内定人员中奖的欺骗方式进行有奖销售。

不正当竞争行为，根据其违法情节，应受到经济赔偿、行政处罚和刑事处罚。

五、《广告法》规定

（1）广告内容有利于人民的身心健康，保护消费者的合法权益；

（2）广告使用的数据资料应真实、准确、并标明出处；

（3）广告内容不损害未成年人和残疾人健康；

（4）广告中涉及专利的应标明专利号和专利种类；

（5）不得贬低其他生产经营者的产品或服务，不进行不正当的竞争行为；

（6）广告内容应当具有可识别性。

各地还出台了相应的地方法规，比如《云南省珠宝玉石饰品质量监督管理办法》等，在此不作赘述。

主要参考文献

张竹邦. 翡翠探秘. 昆明：云南科技出版社

杨伯达. 勐拱翡翠文化流传与沿革. 宝玉石周刊

丘志力. 珠宝首饰系统评估导论. 武汉：中国地质大学出版社

殴阳秋眉. 秋眉翡翠·实用翡翠学. 上海：学林出版社

奥岩. 翡翠鉴赏·北京：地质出版社

方东亮. 翡翠收藏鉴赏百问百答. 北京：中国轻工业出版社

韩丽. 玉器. 西安：陕西人民出版社

摩伕. 摩伕识翠. 昆明：云南美术出版社

戴苏兰. 玉石. 北京：地质出版社

钱振峰. 收藏指南. 上海：学林出版社

王瑛. 中国吉祥图案实用大全. 天津：天津教育出版社

杨德立，王晓全，等. 珠宝首饰营业员职业技能培训教程. 昆明：云南民族出版社

国土资源部珠宝玉石首饰管理中心. 珠宝首饰营业员国家职业资格培训教程. 北京：中国大地出版社

潘建强. 翡翠. 北京：地质出版社

后　记

　　成交，凝聚着汗水，多少辛劳，多少努力，终于有了回报。

　　很多销售人员，被失交的严酷现实灼伤过，每天上班，他们像虔诚的基督徒一样，热切渴望并几乎要脱口而出：我今天一定要成交！带着渴望，他们开始了一天新的工作。可一天下来，还是收效寥寥。可见，除了愿望热情之外，还需要有更多的知识和技巧。

　　本书讲述知识技巧，是一种掏心掏肝地真情吐露，和盘托出的知识技巧，不敢说是句句箴言，也是句句踏实真诚，为寻求职业的知识技巧劝勉的善心善举，使我们自感不仅问心无愧，而且还有几分自得与欣慰。我们坚信，有了本书介绍的知识做基础，读者在实践中加以创造和发挥，会在把自己打造得完美的同时，也自然会把本书丰富得日臻完善。

　　本书得以顺利完稿，首先要感谢福昆珠宝公司，是他们为我们提供了活生生的翡翠卖场，让我们在这丰富而生动的卖场中感受营销生活，积累销售知识技巧，演练销售功夫本领。回想那十年形如打仗的销售日子，一柜柜货品的精彩展示，一个个买者的咨询答疑，一件件饰品的挑选相中，一位位顾客的心满意足，一批批消费者的顺利成交，一桩桩鲜活的销售案例，就浮现在眼前，这"十年磨一剑"过程，就为本书的写作提供了丰富的源泉。其次要感谢桃李不言、善良忠厚、心可鉴天的当家人陈邦菊，是她在我们体验经营生活的日日夜夜里，无私执著地给予鼓励，给予鞭策，给予督促，给予劝慰，给予力量，给予生活照顾，没有她，我们几乎不可能完成那段经营生活的成功体验，也就不可能有今天书中那些生动事例和营销感悟的真谛。

　　书稿完成，几多欣慰，几多忧虑。欣慰的是，一本世上不多，然而又十分需要，几乎是在为翡翠营销员量身定做的读物终于写成，它不仅使营销员今天学得方便学得更好，而且对日后的自学提高，都会有很大的帮助。忧虑的是，"书上说来终觉浅，绝知此事要躬行"，读者又能付出多大心力？不管怎么，市场在，希望就在。只要我们的营销人员，不拒绝知识，不拒绝技巧，鼓足勇气，努力实践，在销售道路上，一定会越走越好！